Leb wohl, Supermarkt

DANKE

Mein Dank gilt Doris Rittberger, die mir die Idee zu diesem Buch gegeben hat. Ein herzliches Dankeschön richte ich an meine Testesser Eva, Anita, Chrisy, Sylvia, Claudio, Susi und Veronika. Meiner Tante Inge bin ich dankbar für die Tipps und Tricks sowie Sepp Holzer dafür, dass er mich gelehrt hat, wieder mit der Natur zu kommunizieren.

Bildnachweis: Judith Anger: S. 6, 23, 39, 111; dreamstime: S. 38, 49; experto.de: S. 40; Fotolia: S. 25, 32, 43, 44, 49, 60, 63, 66, 70, 72, 75, 77, 82, 84, 87, 92, 95, 99, 102, 108, 118, 121, 125, 127, 131; iStock: S. 37; Permavitae: S. 10, 11(li)

Im Sinne einer besseren Lesbarkeit habe ich für personenbezogene Hauptwörter entweder die männliche oder die weibliche Form gewählt. Dies impliziert keinesfalls eine Benachteiligung des jeweils anderen Geschlechts. Ich danke für Ihr Verständnis.

ISBN: 978-3-7088-0641-9

Lobkowitzplatz 1, A-1010 Wien
www.kneippverlag.com
www.facebook.com/KneippVerlagWien

Autorin: Judith Anger
Lektorat: Marion Mauthe
Cover-, Buchgestaltung und Illustrationen: Oskar Kubinecz
Druck: Theiss GmbH, A-9431 St. Stefan

1. Auflage, Februar 2015

Judith Anger

LEB WOHL, SUPERMARKT

Unabhängig und nachhaltig leben

kneipp verlag

Inhalt

Ein Wort zuvor

Es gibt Millionen Rezepte, und trotzdem war es mir ein ganz besonderes Anliegen nun auch ein Kochbuch herauszugeben. Schon als Mädchen hat es mir den größten Spaß gemacht zu kochen. Einmal durfte ich sogar bei meiner Großmutter einen Kochurlaub buchen. Meine Großmutter, die „Bellioma", war mein größtes Vorbild. Sie hat so gut gekocht, dass ich unbedingt von ihr lernen wollte.

Dazu kam noch eine ganz wichtige Lebensweisheit meiner Mutter: „Ganz egal, wie schlecht die Zeiten sind, wenn man kochen kann, dann wird man immer einen Job finden." Somit war mein Berufsziel definiert. Ich wollte Köchin werden.

Auf vielen Umwegen kam ich unter anderem zu einer Ausbildung als „Alleinköchin", einer Teilausbildung zur Touristikkauffrau des Abiturientenlehrgangs in Klessheim (Salzburg). So wie mein ganzes Leben war auch meine Laufbahn als Köchin sehr turbulent und spannend. So habe ich zum Beispiel in der sauren Küche des berühmten Wiener Cafés „Demel" gelernt, dann habe ich in im berühmt-berüchtigten Club 45 für das kulinarische Wohl der Clubmitglieder gesorgt. Anschließend war ich als Restaurantleiterin und Köchin in McPherson (USA) tätig. Wir waren in kürzester Zeit das zweitbeste Restaurant im Staate Kansas. Als Abschluss meiner Köchinnenkarriere habe ich in der „Frommen Helene" in Wien gekocht. Meine Stammgäste waren viele bekannte Wiener Schauspieler. Alle meine berühmten Gäste haben mir – ebenso wie mein Vater – zugeredet, ein eigenes Lokal aufzumachen. Dazu ist es aber nie gekommen.

Mein weiteres Leben hat mich weit weg von meinen Kochkünsten getrieben, und fast habe ich meine Vorliebe oder Berufung vergessen.

Wie das Leben jedoch so spielt, geht die wahre Berufung nicht verloren. Zu meinem 50. Geburtstag haben mir meine Freunde ein zweitägiges Seminar beim „Agrarrebellen" Sepp Holzer geschenkt. Sie wussten um meine Liebe zur Natur und zum Kochen mit guten Zutaten. Durch dieses Seminar wurde ich wachgerüttelt und ich habe erkannt, dass es keinen anderen Weg für unsere Zukunft gibt als zurück zur Natur. Sepp Holzer hat mich auf diesem Weg begleitet und mir viele aufregende Dinge beigebracht.

Durch diesen neuen Zugang zur Natur hat sich für mich eine andere Dimension beim Kochen eröffnet. Seit ich Gemüse aus meinem eigenen Garten ernte, frisch verwerte und alle Zutaten selbst zubereite, ist mir klar geworden, mit

welch minderwertigen und denaturierten Zutaten wir von der Lebensmittelindustrie gefüttert werden.
Das Buch soll zeigen, wie wir uns ernähren können, ohne einen Fuß in einen Supermarkt der Globalplayer setzen zu müssen. Es ist vielleicht anfangs ein beschwerlicher Weg, denn die meisten von uns stecken in einem Hamsterrad, das uns derart im Griff hat, dass wenig Zeit für uns selbst bleibt. Wenn wir aber nicht beginnen, uns aus diesem Kreislauf zu befreien, dann werden wir bald am Ende einer Sackgasse angelangt sein und nicht mehr umkehren können. Womit wir beim Wesentlichen angelangt wären, nämlich bei der Idee dieses Buches. Ich möchte Ihnen, wertes Lesepublikum, zeigen, wie gut Essen schmecken und wie wertvoll es sein kann, wenn man hochwertige, frische Zutaten verwendet.
Natürlich hat nicht jeder von uns einen Garten, natürlich sind Bioläden oft teurer als die Billigmärkte, aber es sollten einfach alle Möglichkeiten genutzt werden, um wieder gesund zu essen und somit gesund zu leben. Es ist wirklich lebensnotwendig zu wissen, woher unsere Nahrung kommt. Sehen Sie doch auf die Verpackungen und lesen Sie die genannten Inhaltsstoffe – ganz zu schweigen von den ungenannten –, die mit Chemie haltbar und mit Geschmacksverstärkern extrem verfremdet werden. Immer mehr Menschen entwickeln Unverträglichkeiten und müssen auf viele Leckereien verzichten. Wir werden immer kränker und anfälliger. Ich behaupte, dass sich die meisten gesundheitlichen Probleme der westlichen Gesellschaft erübrigen werden, sobald wir es schaffen, auf chemische Zusätze in der Nahrung zu verzichten.
Mit dem Bewusstsein gestärkt, dass ich etwas in meinem Leben ändern und mich wieder wohler fühlen wollte, habe ich nach meiner Ausbildung bei Sepp Holzer meinen Ziergarten umgeackert, alle Büsche entfernt und ausschließlich Nutzpflanzen eingesetzt. Ich baue meine Kartoffeln an, 60 verschiedene Beerenbüsche geben hervorragende Früchte, und Unmengen von Gemüsesaatgut ernähren mich das ganze Jahr über. So habe ich im Lauf der letzten Jahre meine Kochgewohnheiten umgestellt und alle Rezepte für Sie ausprobiert. Nun liegt das Resultat vor Ihnen.
Ich wünsche Ihnen viel Spaß beim Ausprobieren und Experimentieren!

Judith Anger

Anders gärtnern

Wenig Fläche – mehr Ertrag

Nicht jeder Erdenbürger, nicht jede Erdenbürgerin, hat eigenen Grund und Boden, auf dem all das angebaut werden kann, was zum täglichen Leben benötigt wird. Mein Lehrer Sepp Holzer tat aber folgenden weisen Spruch: „Jedem Erdenbürger seine Erde!" Damit appelliert er an ein Grundrecht des Menschen zur Selbstversorgung.
Leider sind wir noch nicht so weit, und daher muss nach Alternativen gesucht werden. Dabei sind der Kreativität keine Grenzen gesetzt, und damit lässt sich der Holzer'sche Auftrag, selbst Gemüse, Beeren, Kräuter, Obst, etc. anzubauen, dennoch realisieren. Dazu braucht es einen Garten. Wenn man gärtnert, wie wir es gelernt haben, dann hat man schon eine Grundlage für die Selbstversorgung geschaffen. Durch meine Ausbildung zur Permakultur-Praktikerin wurden mir zahllose Möglichkeiten und Wege gezeigt, wie man ein Vielfaches an Ertrag auf kleinster Fläche erwirtschaften kann. Deshalb möchte ich meine Erfahrungen nun weitergeben.
Zunächst möchte ich die Grundbegriffe „Permakultur", „Wildniskultur" und „essbare Landschaften" erklären:

Konventionelle Landwirtschaft versus Permakultur

Die traditionelle Landwirtschaft hat sich in den letzten Jahrzehnten sehr konsequent in eine ganz bestimmte Richtung entwickelt, die ich in der Folge als konventionelle Landwirtschaft bezeichnen werde. Es wird in Monokulturen angebaut, also pro Feld eine Pflanzensorte. Diese Anbauweise fordert ihren Tribut. Denn um einen gewinnbringenden Ertrag zu erzielen, braucht man große Flächen, und für eine effiziente Bewirtschaftung werden große Maschinen benötigt. Um die einseitige Bepflanzung produktiv zu halten, muss intensiv gedüngt und mit Pestiziden gespritzt werden. Dennoch kommt es zu Schädlingsbefall und Missernten. Ist geerntet, erzielen die Bauern niedrigste Preise und können meist nicht einmal ihre Aufwendungen bezahlen. Ein Bürgermeister einer ländlichen Gemeinde hat mir vor Kurzem erzählt, dass alle Bauern seiner Gemeinde im letzten Jahr sogar noch auf ihren Ernteertrag drauf zahlen mussten, um alle Kosten abzudecken. Und das deshalb, weil die global agierende Lebensmittelindustrie die Preise drückt. Wir erwarten uns Früchte und jedes Gemüse zu jeder Jahreszeit. Dadurch finden

sie Produkte aus aller Herrenländer: Heidelbeeren aus Chile, Knoblauch aus China, Erdbeeren aus Israel und viele andere Beispiele. Welcher heimische Bauer kann hier noch Schritt halten?
Ein weiteres Problem zeigt sich darin, dass diese Früchte und Produkte von schlechter Qualität sind. Minderwertige Lebensmittel wiederum sind der Grund für zahlreiche Mangelerscheinungen oder Erkrankungen der Konsumenten.
Bereits in den 1970er-Jahren hat sich in Australien Bill Mollison mit dieser Problematik auseinandergesetzt und nach Alternativen gesucht. Parallel dazu hat sich hierzulande die Biolandwirtschaft entwickelt, die sich von der konventionellen Landwirtschaft dadurch unterscheidet, dass keine chemischen Dünge- und Spritzmittel eingesetzt werden. Die hauptsächliche Anbauform ist aber wieder die Monokultur. Durch das Weglassen von Chemie wird die Qualität der Erträge selbstverständlich verbessert. Was dazu führt, dass die Nachfrage nach Bioprodukten so stark und so schnell steigt, dass ihr die Produzenten nicht mehr nachkommen können. Darunter leidet aber wiederum die Qualität. Ich bin ein echter Fan von Bioprodukten und halte diese Entwicklung für sehr wichtig, aber solang auch hier aus einer Massenproduktion geerntet wird, muss man davon ausgehen, dass selbst angebautes Gemüse auf jeden Fall um einiges qualitätvoller ist.
Aber zurück zu Bill Mollison. Der Australier hat sich wie erwähnt mit Alternativen zur konventionellen Landwirtschaft beschäftigt. Nach längerer Recherche ist er zu dem Ergebnis gekommen, dass durch die einseitige Bewirtschaftung unserer Felder, die Qualität der Früchte leidet und die landwirtschaftlichen Böden Schritt für Schritt immer weniger nährstoffreiche Ernten zulassen. Der Einsatz von Chemie kann zwar punktuell helfen, zieht aber seine zerstörerischen Spuren. Am Ende seiner Studien kam Mollison zu dem Resultat, dass nur die Rückkehr zur Vielfalt im landwirtschaftlichen Anbau unsere Ernährung retten kann. In einem grundlegenden Werk hat er sehr einleuchtende Abhandlungen für eine alternative Landwirtschaft verfasst. Er nannte diese „neue" Form der Landwirtschaft „Permakultur".

Wie definiert man nun Permakultur?

Im Buch „Jedem sein Grün!" haben meine Kollegen und ich folgende Definition für den Begriff gefunden: „Permakultur ist Landwirtschaft im Einklang mit der Natur und nicht gegen sie!" Bill Mollison sagt dazu: „Permakultur ist das Schaffen von kleinen Paradiesen hier auf dieser Erde." Und mein Lehrer Sepp Holzer meint: „Permakultur ist ein Stück Hoffnung: ein wohldurchdachtes Konzept, wie wir im Kleinen und im Großen der Zerstörung der Erde wirksam begegnen können. Permakultur beruht auf einem Denken in Zusammenhängen und Wechselwirkungen. Grundlage ist das Beobachten der Natur. Diese Art der Bewirtschaftung führt uns nach vorne, zurück zu unseren Lebenswurzeln."

„1. Essbare Gemeinde Österreichs": Der umgewidmete Kinderspielplatz in Übelbach mit Hügelbeet (o.); „Jedem Erdenbürger seine Erde" – gärtnerische Betreuung in Übelbach (u.)

Auf jeden Fall handelt es sich um alternative Landwirtschaft, weg von Monokulturen und zurück zu Mischkulturen. Der Grundgedanke ist, den Boden nicht zu übernutzen, da nicht nur eine Pflanzensorte angebaut wird, sondern immer eine Vielfalt. Durch diese Vielfalt wird der Einsatz von Düngemitteln vermieden. Keinerlei Gift im Boden, alte Sorten und sich gegenseitig unterstützende Pflanzen steigern die Qualität der Produkte um ein Vielfaches.
Seit Bill Mollison seine Erkenntnisse schriftlich festgehalten hat, konnten sie an viele Studenten, Bauern und Quereinsteiger weltweit weitergegeben werden. Heute sprechen wir von einer großen Bewegung. Das Resultat sind hochwertige Lebensmittel, die hervorragend schmecken und einen sehr hohen Nährwert haben.
Der bereits mehrfach erwähnte Sepp Holzer, Sohn eines Bergbauern im salzburgischen Lungau, wo er auch aufwuchs, hat sich schon als Kind mit den Abläufen der Natur beschäftigt. Er hat beobachtet, experimentiert, geforscht und jede neue Erkenntnis auf seinem Grund und Boden umgesetzt. Da aber unser gesellschaftliches Leben durch eine Unzahl von Gesetzen geregelt wird, hat seine Art, Land zu bebauen, nicht immer der österreichischen Gesetzeslage entsprochen. Sepp Holzer war daher jahrelang damit beschäftigt, der Legislative klar zu machen, dass natürliche Abläufe richtig sind und vielleicht das eine oder andere Gesetz gegen die Gesetze der Natur verläuft. Schlussendlich konnte sich der kämpferische Bergbauer durch- und all seine Erkenntnisse ungehindert umsetzen. So hat er eine alternative Landwirtschaftsform entwickelt, die der bereits bekannten Permakultur sehr ähnlich ist, aber eigentlich nur ein

Arbeiten mit der Natur ist. Professoren der Universität für Bodenkultur in Wien haben Sepp Holzer geraten, seine Methode ebenfalls als Permakultur zu bezeichnen. Er hat sich für den Begriff „Holzer'sche Permakultur" entschieden, eine Methode, die er mittlerweile weltweit unterrichtet.
Als Holzer-Schülerin habe ich mir bereits sehr viel Wissen angeeignet und traue mich gemeinsam mit meinen Kollegen die Behauptung aufzustellen, dass die von uns praktizierte Methode eigentlich „Wildniskultur" heißen sollte. Wir beziehen alles ein. Jedes Beikraut (üblicherweise als „Unkraut" bezeichnet) hat seinen Nutzen. Die Pflanzengemeinschaften werden immer größer, produktiver und wilder. Für mich ist diese Art der Bewirtschaftung der Rolls Royce unter allen Landwirtschaftsformen. Alles, was wir mit dieser Methode anbauen, schmeckt so gut, dass man nichts anderes mehr essen möchte. Ein weiterer unglaublicher Effekt ist der riesige Ertrag, der alles übertrifft, was man vom konventionellen Gärtnern gewöhnt ist. Jeder Quadratzentimeter wird genutzt und bringt eine grandiose Ausbeute.
Diese Erkenntnis gibt uns die Hoffnung, dass wir der These „jedem Erdenbürger seine Erde" täglich einen Schritt näher kommen.

Gärtnern auch ohne Garten

Womit wir bei der Problematik der Bürger einer Stadt wären. Selbstverständlich hat nicht jeder Stadtbewohner die Möglichkeit, einen eigenen Garten zu haben, das liegt leider in der Natur der Agglomeration. Und es werden auch nie alle Städter die Möglichkeit haben, aufs Land zu ziehen. Aber die Einwohner vieler Städte sind sehr kreativ geworden und es gibt immer mehr selbst Angebautes in der Großstadt. Doch auch ohne Garten, gibt es die Möglichkeit, Terrassen, Balkone oder Hauswände zu bepflanzen. Des weiteren gibt es zum Beispiel in österreichischen Städten einen Verein, der sich Garten Polylog nennt und Vereinsmitgliedern Flächen zum Bewirtschaften zur Verfügung stellt. Damit wird eine wunderbare Möglichkeit geboten, um sein eigenes Gemüse anzubauen.
Eine weitere Entwicklung sind die sogenannten „Essbaren Gemeinden". Vorreiter dieser Idee ist die Stadt Todmorden in Großbritannien. Es war die Idee von zwei örtlichen Politikerinnen, öffentliche Flächen der Stadt für den Anbau von essbaren Pflanzen zu nützen. Die Idee hat sich so gut entwickelt, dass die Stadt das Ziel hat, bis 2018 komplett autark zu werden. Dieses kreative Konzept hat bereits Nachahmer gefunden. In Deutschland ist es die Stadt Andernach und in Österreich ist Übelbach die „1. Essbare Gemeinde". Diese Initiativen haben großes mediales Interesse geweckt. Immer mehr Kommunen melden sich bei uns und wollen Ähnliches in ihren Gemeinden installieren. Es würde sehr viele Probleme lösen, wenn solche Initiativen Schule machten. Die Idee allein ist genial, alle öffentlichen Grünflächen im städtischen Bereich für jeden Bewohner nutzbar zu machen. Dadurch hätten alle die Chance, selbst angebautes Gemüse zu konsumieren. Es fielen viele unnötige Transportwege weg und die Kosten des städtischen Gartenbauamtes würden sinken.
Es gibt also einige Möglichkeiten zu gärtnern, ohne wirklich einen klassischen Garten zu haben. Ist man aber Gartenbesitzer, so ist es an der Zeit ihn komplett umzugestalten. Ich kann Ihnen hier meinen Garten als Beispiel nennen, dessen Fläche ca. 120 Quadratmeter bemisst. Ich habe ihn von meiner

Der Fantasie keine Grenzen setzen:
Mein essbarer Garten

Selbstversorgung leicht gemacht:
Eine meiner üppigen Gemüse-Ernten

Tante übernommen – einen klassischen Ziergarten. Es hat keine einzige essbare Pflanze gegeben. Nadelgehölz, Bodendecker und englischer Rasen waren seine Elemente. Jedes Jahr hat meine Tante viel Geld für die Gartenpflege ausgegeben. Jetzt ist alles anders. Ich habe den Rasen umgegraben, alle Sträucher umgeschnitten und ausgegraben. Im Anschluss habe ich ein Hügelbeet angelegt (Hügelbeet ist eine Spezialbeetform, entwickelt von Sepp Holzer), 60 Beerensträucher gepflanzt und viel gute Erde in den Garten gekarrt. Jetzt ist er essbar. Fast das ganze Jahr gibt es etwas zu ernten und zu pflanzen. Ich bin mittlerweile so weit, dass ich nicht nur mich, sondern auch meine Freunde mit frischen Beeren, Kräutern und Gemüse versorgen kann.

Ein ganz wichtiger Punkt ist auch, die nächste Generation zurück in die Natur zu führen. Es gibt mittlerweile Kinder, die den Rasen nicht betreten wollen, weil sie Angst davor haben. Wir haben daher für Schulen eine Aktion gestartet und sie dazu aufgefordert, mit den Schülern essbare Gärten in den Schulen anzulegen – jetzt gibt es schon in einigen Schulen Gemüse aus dem eigenen Garten in der Schulkantine.

Auf der nächsten Doppelseite habe ich einige Bezugsquellen zusammengestellt. Sie werden Möglichkeiten finden, Zutaten zu bekommen, die ihnen den Besuch eines Supermarkts ersparen. Wahrscheinlich gibt es noch viel mehr Möglichkeiten, um gute, ausgewählte Zutaten zu kaufen oder sie selbst anzubauen und dann auch zu ernten – das überlasse ich gern Ihrer Fantasie.

Des Weiteren habe ich auch auf die Ausbildungsmöglichkeiten hingewiesen. Je mehr Menschen wissen, wie man in der Landwirtschaft alternativ arbeitet, desto schneller werden wir unseren Planeten retten können.

Das Hügelbeet

Ich möchte mich nun kurz dem Praktischen zuwenden und Ihnen das Grundprinzip des Gärtnerns im Einklang mit der Natur anhand des von Sepp Holzer entwickelten Prinzips des Hügelbeets erklären.
Das Hügelbeet ist eine Anbaumöglichkeit zur Vergrößerung der Anbaufläche. Ein optimal gestaltetes Hügelbeet hat eine Mindesthöhe von 150 Zentimetern und kann eine Länge von einem bis 20 Metern haben. Ein Hügelbeet baut man wie folgt auf: Zuerst wird verrottbares Material eingebracht, das können Äste, Laub, Karton, Kompost, etc. sein. Dann wird das Material mit Erde abgedeckt. Es sollte sich ein spitzer Hügel ergeben. Je höher der Hügel desto besser. Sobald das richtige Format erreicht ist, können Beerenbüsche gepflanzt werden, dann wird das Beet mit zugeschnittenen Ästen abgedeckt und darauf wird nun eingesät. Zum Abschluss wird das Beet gemulcht.
Das Hügelbeet hat nun doppelt so viel Anbaufläche wie ein ebenes Beet. Der Kern des Hügelbeets speichert die Wärme und entwickelt dadurch ein besseres Klima für die Pflanzen. Die Mulchschicht speichert ebenfalls Wärme und Feuchtigkeit. Alles in allem ein perfektes System. Wenn flächendeckend Saatgut aufgetragen ist, wird auch wenig Platz für Beikräuter sein, und dadurch macht das Hügelbeet auch weniger Arbeit als ein konventionelles Beet. Also weniger Arbeit, bequemes Bearbeiten (durch die Erhöhung muss man sich nicht mehr so tief bücken) und einen größeren Ertrag, als vorher.
Ich empfehle allen unseren Schülern, ein Hügelbeet zu bauen und dabei zu lernen, wie produktiv die Wildniskultur sein kann. Jeder, der sein erstes Hügelbeet gebaut und auch bewirtschaftet hat, kann die nächsten Schritte wagen.
Seien Sie nicht unzufrieden, wenn das Experiment nicht auf Anhieb gelingt. Wenn man Schritt für Schritt beginnt umzustellen, ist man auf dem richtigen Weg. Sobald sich der Erfolg einstellt, werden Sie einen Überschuss an diversen Gemüsesorten, Beeren, Kräutern etc. erwirtschaften. Mein Vorschlag: Beginnen Sie, sich rechtzeitig mit Nachbarn zu vernetzen, und: Tauschen Sie! Gurke gegen Tomate, Salbei gegen Thymian – Sie lernen Ihre Nachbarn besser kennen und Sie können Erfahrungen austauschen. Auch diese Aspekte sind Bestandteile der Permakultur: Gemeinsam nicht einsam!

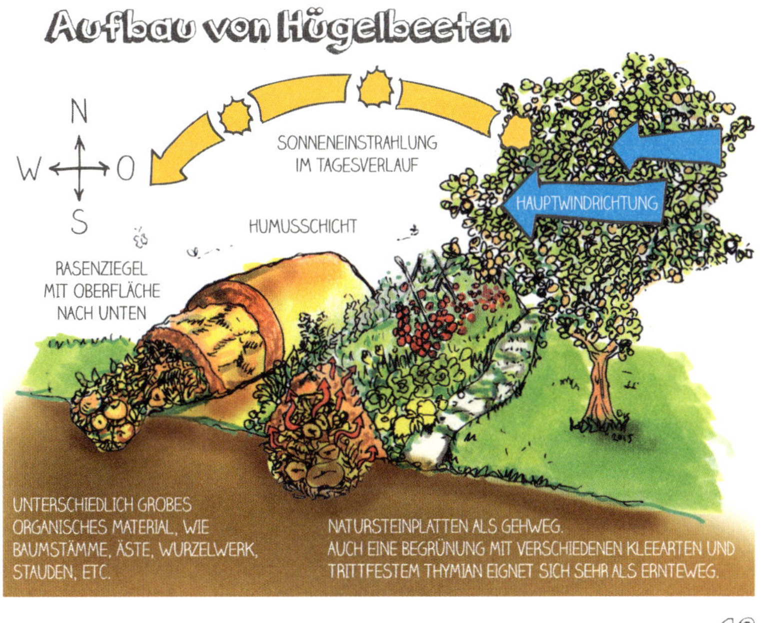

Anders einkaufen

Die Wildniskultur hat mir so viel Freiraum für meine Selbstversorgung ermöglicht, dass ich die meisten Lebensmittel, die ich benötige, aus meinem Garten holen kann: Neben den üblichen Gemüse- und Obstsorten auch Pfeffer ebenso wie Senfkörner oder Lorbeer, aber auch Zitronen, die ich in Kübeln ziehe und im Winter in den Wintergarten stelle. Ich experimentiere gern mit der Herstellung von Essig,

Angebot	Name	Land	Website
Alte Sorten	Arche Noah	Österreich	www.arche-noah.at
Alte Sorten	Sativa	Schweiz	www.sativa-rheinau.ch
Alte Sorten/Saatgut	Ochsenherz	Österreich	www.ochsenherz.at
Alte Sorten/Saatgut	Dreschflegel	Deutschland	www.dreschflegel-saatgut.de
Ätherische Öle	Schmickl	Österreich	www.aetherischesoel.at
Ausbildung	Krameterhof	Österreich	www.krameterhof.at
Ausbildung	Permavitae	Österreich, international	www.permavitae.org
Bäckerei	Joseph	Österreich	www.josef.co.at
Bäckerei	Gradwohl	Österreich	www.gradwohl.info
Biobier	Neudörfler Biobrauerei	Österreich	www.biobrauerei.at
Bioladen	Frischehof	Österreich	www.frischehof.at
Bioladen	Noah's Laden	Österreich	www.noahsladen.at
Bioladen	Biotreff Vilshofen	Deutschland	www.treff.bio
Bioladen	Maran Vegan	Österreich	www.maranvegan.at
Biomärkte in Österreich	Gutes vom Bauernhof	Österreich	www.gutesvombauernhof.at
Eingelegtes	Schätze aus Österreich	Österreich	www.schätzeausösterreich.at
Essbare Gemeinde	Übelbach	Österreich	www.uebelbach.gv.at
Essbare Gemeinde	Einfach Essbar	Österreich	www.einfachessbar.at
Essig	Schmickl	Österreich	www.essigherstellung.at
Essig & Öl	Vom Fass	International	www.vomfass.com
Feinkost	Feinkostkistl	Österreich	www.feinkostkistl.at
Feinkost	Adamah	Österreich	www.adamah.at

Schnaps und Sirup, überlege mir, Hühner zu halten, um täglich frische Eier zu haben, und freue mich über meine selbst gezogenen und getrockneten Rosinen und Cranberrys. Alles, was ich nicht aus dem Garten beziehe, kaufe ich in Fair-Trade-Läden, beim Biobauern meines Vertrauens oder aber bei ausgezeichneten Bezugsquellen im Internet. Hier einige Beispiele als Anregung für Sie.

Produkte	Adresse	Kontakt
Jungpflanzen, alte Sorten	Obere Str. 40, A-3552 Schiltern	info@arche-noah.at
Biologische Gemüsesorten	Klosterplatz 1, CH-8462 Rheinau	sativa@sativa-rheinau.ch
Saatgut, alte Gemüsesorten	Fuchsenwaldstr. 90, A-2230 Gänserndorf	office@ochsenherz.at
Biosaatgut	In der Aue 31, D-37213 Witzenhausen	info@dreschflegel-saatgut.de
Ätherisches Öl selbst herstellen	Ehrentalerstr. 39, A-9020 Klagenfurt	schmickl@aetherischesoel.at
Ausbildung, Praktikum	Keusching 13, A-5591 Ramingstein	office@krameterhof.at
Seminare, Praktikum, Beratung	Sterngasse 3, A-1010 Wien	office@permavitae.org
Hochwertiges Brot	Naglerg. 3, A-1010 Wien	office@josef.co.at
Vollwertbäckerei	Bäckerstaße 1, A-7331 Weppersdorf	office@gradwohl.at
Biobier	Bräuhausg. 3, A-4120 Neufelden	bier@biobrauerei.at
Biogeschäft, Biorestaurant	Im Lagerfeld 11, A- 8430 Leibnitz	info@frischehof.at
Biogeschäft in der Steiermark	Reith 30, A- 8311 Markt Hartmannsdorf	info@noahsladen.at
Bioladen Deutschland	Furtg. 4, D-94474 Vilshofen/Donau	kontakt@treff.bio
Bioladen in Wien	Stumperg. 57, A-1060 Wien	office@maranvegan.at
Biomärkte in den Bundesländern	Dresdnerstr. 68a, A-1200 Wien	office@agraproduktverein.at
Butter, Fisch, Fleisch, Geflügel, Wild	Eichenweg 26, A-5302 Henndorf	j.lemmerer@schätzeausösterreich.at
1. Essbare Gemeinde Österreichs	Alter Markt 64, A-8124 Übelbach	gde@uebelbach.gv.at
Beratung für essbare Projekte	Neuhof 116, A-8124 Übelbach	sandra.peham@gmx.at
Essigherstellung als Hobby	Ehrentalerstr. 39, A-9020 Klagenfurt	schmickl@essigherstellung.at
Öle, Essig, Spirituosen, Delikatessen	Am Langholz 17, D- 88289 Waldburg	box@vomfass.com
Abo für verschiedene Speisen	Eroicag. 10/7, A-1190 Wien	info@feinkostkistl.at
Biozutaten im Abo zu beziehen	A-2282 Glinzendorf 7	biohof@adamah.at

Angebot	Name	Land	Website
Feinkost	Ökokiste Schwarzach	Deutschland	www.oekokiste-schwarzach.de
Fische	Soravia Food	Österreich	www.alpenlachs.at
Fleisch	Schätze aus Österreich	Österreich	www.schätzeausösterreich.at
Flusskrebse	Daily's Fisch&Krebs	Österreich	www.fischundkrebs.at
Gemeinschaftsgärten	Gartenpolylog	Österreich	www.gartenpolylog.org
Getreide	Stadtmühle Geisingen	Deutschland	www.stadtmuehle-geisingen.de
Gewürze	Sonnentor	Österreich	www.sonnentor.at
Hanfprodukte	Hanfland	Österreich	www.hanfland.at
Käse	Käserei Elixhausen	Österreich	www.kaeserei-elixhausen.at
Keimgut	Der Keimling Bäcker	Österreich	www.keimbrot.at
Kräuter	Syringa	Deutschland	www.syringa-pflanzen.de
Markt	Naschmarkt	Österreich	www.wienernaschmarkt.eu
Markt	Südbahnhof Linz	Österreich	www.suedbahnhof
Mehl	Schälmühle Nestelberger	Österreich	www.bioprodukte.at
Online Bioladen	Ombio	Deutschland	www.ombio.de
Reinigungsmittel	Pasch	Österreich	Kein Internet
Rita bringt's	Restaurant	Österreich	www.ritabringts.at
Rohmilch	Strasser Naturbauernhof	Österreich	www.naturbauernhof.at
Saatgut	Reinsaat	Österreich	www.reinsaat.at
Säfte	„Säfte"	Deutschland	www.säfte.com
Salz	Salzkontor	Österreich	www.salzkontor.at
Schnaps	Schmickl	Österreich	www.schnapsbrennen.at
Slowfood	Slow Food	Deutschland	www.slowfood.de
Tomaten	Stekovics	Österreich	www.stekovics.at
Wein (vegan)	Bioweingut Knaus	Österreich	www.biowein-knaus.at
Wild	NÖ. Landesjagdverband	Österreich	www.wildbret.at
Wild	2vB GmbH & Co. KG	Deutschland	www.wild-fleisch.de

Produkte	Adresse	Kontakt
Abokistl für Biowaren	Am See 9, D-97359 Schwarzach	info@oekokiste-schwarzach.de
Händler für Alpenlachs	Thomas-Klestil-Platz 3, A-1030 Wien	office@soravia.at
Mangaliza, Biorinder	Eichenweg 26, A-5302 Henndorf	j.lemmerer@schaetzeausoesterreich.at
Flusskrebse, Fische	Grabenstraße 55, A-7551 Stegersbach	Info@fischundkrebs.at
Gemeinsam Gartenflächen pachten	Vivariumstr. 6/2/24, A-1020 Wien	office@gartenpolylog.at
Mühlenprodukte, Backwaren	Mühlenweg 11, D- 78187 Geisingen	info@stadtmuehl-geisingen.de
Produkte nach Hildegard v. Bingen	Spörgnitz 10, A-3910 Zwettl	office@sonnentor.at
Hanfprodukte	Hanfland Shop, A-2136 Hanfthal 115	office@hanfland.at
Biokäse	Käsereiweg 4, A-5161 Elixhausen	info@kaeserei-elixhausen.at
Glutenfreies Buchweizenbrot	Gattern 75, A-4784 Schardenburg	keimbrot@aon.at
Biokräuter	Bachstraße 7, D-78247 Hilzingen	info@syringa-pflanzen.de
Berühmtester Wiener Markt	Wienzeile, Kettenbrücke, A-1040 Wien	redaktion@wienernaschmarkt.eu
Größter Markt in Linz/Donau	Marktplatz 7, A-4020 Linz	postfach@suedbahnhof.at
Bioprodukte, Biomehl	Naarntalstr. 9, A- 4320 Perg	nestelberger@bioprodukte.at
Bio-Online-Laden	Lise Meitner Str. 7, D- 55435 Gau-Algesheim	shop@ombio.de
Natürliche Reinigungsmittel	Weberg. 19, D-8124 Übelbach	
Vegetarisches/Veganes Essen	Schleifmühlg. 9/10, A-1040 Wien	office@ritabringts.at
Rohmilchprodukte	Egg 3, A-4871 Frankenburg	strasser@naturbauern.at
Saatgut, alte Sorten	Hornwald 69, A- 3572 St. Leonhard	office@reinsaat.at
Säfte aller Art	An der Mosterei 1, D-18239 Satow	info@säfte.com
Salzprodukte	Schwarzbach 73, A- 5360 St. Wolfgang	office@salzkontor.at
Schnaps brennen	Ehrentalerstr. 39, A-9020 Klagenfurt	schmickl@schnapsbrennen.at
Plattform für Slow-Food-Märkte	Luisenstr. 45, D- 10117 Berlin	info@slowfood.de
Tomaten, alte Sorten	Schäferhof 13, A-7132 Frauenkrichen	office@stekovics.at
Bioweine, Säfte, Buschenschank	An der Weinstraße, A-8461 Sulztal	office@biowein-knaus.at
Alle verfügbaren Wildarten	Wickenburgg. 3, A-1080 Wien	service@wildbret.at
Alle verfügbaren Wildarten	Hauptstraße 6, D- 29471 Gartow	kontakt@2vbs.de

GRUNDREZEPTE

Etwas anders kochen

Beim Erstellen der Rezepte musste ich einige Hürden überwinden, denn ich koche nach Gefühl. Folglich gibt es in meiner Küche weder Küchenwaage noch Messbecher. Ich messe und wiege nicht, lasse meine Marinaden nicht durch den Mixer, füge Kräuter je nach Geschmack zu den Speisen und würze nach Belieben. Deshalb schmecken meine Gerichte immer anders.

Gemeinsam mit dem Kneipp-Verlag habe ich nun versucht, die Rezepte trotzdem in die übliche Form zu gießen, damit Sie mit halbwegs genauen Angaben meinen Anleitungen folgen können. Ich möchte aber meine Leserschaft darum bitten, selbst zu experimentieren und meine Angaben nur als Vorschläge für individuelle Geschmackskreationen zu verstehen.

Die folgenden Grundrezepte sind die Basis für die in Jahreszeiten unterteilten weiteren Rezepte. Viele dieser Speisen kann man lagern und bevorraten. Was in diesen Angaben nicht zu finden ist, sind chemische Zusätze für eine unnatürlich lange Haltbarkeit. Es kann also vorkommen, dass man nicht alle Speisen mit eigenem Gemüse, selbst gezogenen Kräutern oder sonstigen Zutaten aus dem Garten zubereiten kann. Weil die Saison ungünstig war, weil die Schneckenplage alles zunichte gemacht hat oder weil der Hund die Setzlinge ausgegraben hat. Verzagen Sie nicht, verzichten Sie einfach auf die ganz spezielle Zutat und fügen Sie etwas anderes hinzu.

Für mich ist Kochen Spaß! Ich will ohne Umstände flott kochen. Nicht viel nachdenken, sondern aus dem Bauch heraus zusammenstellen und dann kosten, was passiert ist! Ich kann diese Art des Kochens nur empfehlen, damit wird jede Mahlzeit lebendig und voll von Überraschungen. Auf diese Weise ergeben sich auch immer wieder neue Speisen.

Wahrscheinlich werden Sie bemerken, dass ich sehr selten Salz & Pfeffer als Grundgewürz einsetze, aber fast jede Speise mit selbstgemachter Suppenwürze abschmecke. Für mich ist sie ein Grundnahrungsmittel. Durch die Vielfalt der Zutaten entwickelt sich ein wunderbar runder Eigengeschmack, der andere Gewürze ersetzt und das Kochen vereinfacht. Zum Süßen verwende ich Sirup, am liebsten Ahornsirup, der meinen Recherchen zufolge einer der gesündesten Süßungsmittel ist. Darum verzichte ich vielfach auf Zucker und setzte Sirup ein. Ich versuche außerdem so wenig wie möglich Milchprodukte zu verkochen. Zwei Ausnahmen: Butter und Obers. Butter und Obers verwende ich deshalb, weil sie naturbelassen sind. Alles andere ersetze ich durch Ziegenmilchprodukte. Denn die Ziege ist das einzige milchgebende Tier, das nicht gemästet werden kann, daher sind die Produkte verträglicher.

Rindsuppe (Fleischbrühe)

Zutaten
Für 1 l Suppe

½ Sellerieknolle
½ Karotte
½ Petersilienwurzel
2 Zwiebeln
2 EL Butter
500 g Rindfleisch
(Beinfleisch, Suppenfleisch, etc.)
3 Rindsknochen
3 l Wasser
1 EL Suppenwürze (siehe S. 23)
1 kleiner Bund Petersilie
2 Lorbeerblätter
1 Bund Schnittlauch

Zubereitung

- Sellerie, Karotte und Petersilienwurzel waschen, putzen und in grobe Stücke teilen. Zwiebeln schälen und je nach Größe halbieren oder vierteln.
- Butter in einem Suppentopf zerlassen, Rindfleisch, Rindsknochen und das Gemüse darin anrösten, mit Wasser aufgießen. Suppe mit Suppenwürze, Petersilie und Lorbeerblättern würzen und mindestens eine Stunde köcheln lassen (je länger desto intensiver ist der Geschmack).
- Nach Ende der Garzeit Suppe in einen weiteren Topf durch ein Sieb (so fein wie möglich oder noch verstärkt durch ein Leinentuch gießen. Das Wurzelgemüse und, wenn gewünscht, auch das Fleisch als Suppeneinlage in Scheiben schneiden. Beides warmhalten und separat zur Suppe servieren, damit die Flüssigkeit klar bleibt.
- Mit frisch geschnittenem Schnittlauch garnieren.

Hühnersuppe

Zutaten
Für 1 l Suppe

½ Sellerieknolle
1 Karotte
½ Petersilienwurzel
2 Zwiebeln
1 EL Butter
500 g Hühnerbrust (oder Hühnerteile)
3 l Wasser
3 EL Suppenwürze (siehe S. 23)
½ Bund Petersilie
1 Bund Liebstöckel
2 Lorbeerblätter
1 Bund Schnittlauch

Zubereitung

- Sellerie, Karotte und Petersilienwurzel waschen und putzen, Zwiebeln schälen und alles in grobe Stücke schneiden.
- Butter in einem Suppentopf zerlassen, Fleisch und Gemüse darin anrösten und mit Wasser aufgießen. Suppe mit Suppenwürze, Petersilie, Liebstöckel und Lorbeerblättern würzen.
- Suppe mindestens eine halbe Stunde köcheln lassen (je länger desto intensiver ist der Geschmack).
- Nach Ende der Garzeit Suppe in einen weiteren Topf durch ein Sieb (so fein wie möglich oder noch verstärkt durch ein Leinentuch gießen. Das Wurzelgemüse und, wenn gewünscht, auch das Fleisch als Suppeneinlage in Scheiben schneiden. Beides warmhalten und separat zur Suppe servieren, damit die Flüssigkeit klar bleibt.
- Mit frisch geschnittenem Schnittlauch garniert servieren.

Suppenwürfelersatz

Suppenwürfelersatz und Suppenwürze sind mir wichtiger als Salz und Pfeffer. Gekaufte Produkte sind meist mit Hefe versetzt, die aber unserer Verdauung nicht guttut. Sie blockiert teilweise die Aufbereitung der Nährstoffe und verstärkt Ablagerungen in unseren Zellen. Sehr oft fördert Hefe dadurch die Entstehung von Cellulite. Seit ich Hefe und auch raffiniertes Weißmehl von meinem Speiseplan gestrichen habe, bin ich meine Orangenhaut los!

Zutaten

Für 3 Gläser (1 Glas = 125 ml)

2 Karotten
1 kleiner Kohlrabi
1 Stange Lauch
1 Zwiebel
1 Zucchini
2 Zehen Knoblauch
2 EL Distelöl
250 g Hühnerfleisch (oder Rindfleisch)
1 Bund Schnittlauch
1 Bund Petersilie
1 Bund Liebstöckel
2 Handvoll verschiedene Kräuter (Lorbeer, Basilikum, Bohnenkraut, Salbei)
1 Prise Salz

Zubereitung

- Gemüse waschen, putzen und in kleine Würfel schneiden. Distelöl in einem Topf erhitzen, Gemüse kurz durchschwenken, salzen und zu Mus verkochen lassen. Falls nötig, mit einem Esslöffel Wasser aufgießen.
- Fleisch durch den Fleischwolf drehen, ebenfalls in Distelöl kurz anrösten, mit wenig Wasser aufgießen und dünsten.
- Kräuter fein hacken und gemeinsam mit dem Fleisch dem Mus beigeben und gut durchmischen.
- Backofen auf 80 °C (Umluft) vorheizen.
- Nun das gesamte Mus auf Backpapier streichen und im Backofen ca. 10 Stunden trocknen lassen.
- In Gläser abfüllen, mit einem Glasbügel schließen. Trocken und dunkel lagern.

TIPP: Sie können den Suppenwürfelersatz auch ohne Fleisch zubereiten.

Suppenwürze

Zutaten

Für 3 Gläser (1 Glas = 125 ml)

1 Stange Lauch
1 Karotte
1 Sellerieknolle
1 Kohlrabi
1 Bund Petersilie
1 Zwiebel
1 Prise Salz
Pfeffer
2 Lorbeerblätter
2 Zehen Knoblauch
1 Bund Liebstöckel
1 Bund Majoran

Zubereitung

- Alle Zutaten putzen und in einem Zerkleinerer zu feinem Mus verarbeiten.
- Backofen auf 80 °C (Umluft) vorheizen.
- Nun das gesamte Mus auf Backpapier streichen und im Backofen ca. 10 Stunden trocknen lassen.
- In Gläser abfüllen, mit einem Glasbügel schließen. Trocken und dunkel lagern.

Kräuteröl

Zutaten

Für 1 l Öl

1 l Olivenöl
2 Handvoll verschiedene Kräuter (Salbei, Majoran, Minze, Rosmarin, Thymian, Basilikum, etc.)

Zubereitung

- Kräuter frisch aus dem Garten ernten, waschen, trocken schütteln und in verschließbare Flaschen geben.
- Flaschen mit Olivenöl auffüllen.
- In einem dunklen, kühlen Raum lagern und mindestens 3 Wochen ziehen lassen.

Natursalz, altes Saatgut und hochwertiges Öl sind für mich mehr wert als jedes Goldstück! Auf dieser Basis können wir gesund und nachhaltig leben. Daher sollte man größten Wert auf hochwertiges Öl legen. Meine Freunde und ich haben daher beschlossen, uns selbst um unser Öl zu kümmern. Wir haben einen Olivenölbauer ausfindig gemacht, dem wir die gesamte Ernte abkaufen. Auf eigene Kosten transportieren wir dieses Öl an einen zentralen Punkt, und dann wird abgefüllt und verteilt. So können wir sicher sein, woher das Öl kommt, und damit können wir Speisen in bester Qualität kochen und haltbar machen.

Kräuteressig
mit Rosmarin und Thymian

Zutaten
Für 1 l Essig

1 l Weißweinessig
je 1 Stängel Rosmarin & Thymian

Zubereitung

- Glasflasche auskochen. Je einen Stängel von Rosmarin und Thymian in die Flasche geben und mit Weißweinessig abfüllen.
- Mindestens 4 Wochen an einem dunklen Ort ziehen lassen

Himbeeressig

Zutaten
Für 1 l Essig

1 l Balsamessig
1 Handvoll Himbeeren

Zubereitung

- Glasflasche auskochen. Himbeeren in die Flasche füllen und mit Balsamessig abfüllen.
- 4 Wochen im Dunkeln ziehen lassen. Hin und wieder Flasche umdrehen.
- Danach können die Himbeeren abgeseiht werden. Den Essig durch einen Kaffeefilter abfüllen.

Tomatenketchup

Zutaten

Für 500 ml

1 kg Tomaten
1 rote Paprikaschote
1 EL Butter
3 Zehen Knoblauch
2 Zwiebeln
1 Handvoll Zitronenpfeffer
1 Prise Salz
2 Lorbeerblätter
5 Gewürznelken
2 EL Ahornsirup

Als ich zum ersten Mal selbst gemachtes Tomatenketchup meinen Testessern zum Kosten gegeben habe, waren alle ganz verwundert, wie gut und wie anders Ketchup schmecken kann. Auf diese Weise erkennt man, dass es wirklich einen krassen Unterschied zu den gekauften Produkten gibt. Man merkt erst so richtig, wie wenig Geschmack und Inhalt in diesen Zutaten zu finden ist. Seit diesem Testessen mache ich regelmäßig Ketchup und beliefere damit meine Freunde.

Zubereitung

- Wasser zum Kochen bringen, Tomaten darin kurz überbrühen, Haut abziehen.
- Paprika entkernen und ebenso wie die Tomaten in kleine Würfel schneiden. In kochendes Wasser geben und weichkochen lassen. Nach der Garzeit Gemüse mit dem Mixstab pürieren.
- Butter in einer Pfanne zerlassen, Knoblauch und Zwiebeln kurz darin kurz anrösten.
- Nun alle Zutaten in einen Topf geben, salzen und mit Ahornsirup verfeinern. Aufkochen lassen.
- Gewürze in ein Säckchen geben und gemeinsam mit dem Tomaten-Paprika-Mus 1–2 Stunden köcheln lassen.
- Gewürze entfernen und in Flaschen abfüllen.

Worcestersoße

Diese Soße verwende ich eher selten, eigentlich hauptsächlich für die Mayonnaise (siehe S. 31). Die Zutaten für die Soße sind fast ausschließlich in wirklich ausgesuchten Kräuterläden zu bekommen. Es ist der Mühe wert. Die Zubereitung ist ein wenig umständlicher. Deshalb ist es empfehlenswert, mit genauen Mengen zu arbeiten. Noch ein Hinweis zuletzt: Die selbst gemachte Worcestersoße kann sehr gut als Ersatz für Sojasoße dienen.

Zutaten

Für 500 ml

5 g gemischter Pfeffer (schwarzer & spanischer)
2 g Ingwerpulver
1 g Nelkenpulver
3,5 g Piment
12 g Curry
25 g schwarze Senfsamen
25 g Schalotten
25 g Rohrzucker
25 g Natursalz
400 ml Weißweinessig
125 g Tamarinde (weich)
300 ml Sherry

Zubereitung

- Alle Gewürze grob mahlen, gemeinsam mit Schalotten, Zucker und Natursalz mit Weißweinessig aufkochen. Weiche Tamarinde einrühren und mit Sherry aufgießen. Eine gute Stunde köcheln lassen.
- In ein gut verschließbares Gefäß umfüllen und 1 Woche verschlossen dunkel und kühl aufbewahren.
- Danach abseihen und in Fläschchen abfüllen.

Von Blättern & Blüten

Bei meiner Ausbildung zur Holzer'schen Permakultur-Praktikerin habe ich gelernt, dass man Pflanzen nie in Reih' und Glied pflanzen soll und nie nur eine Pflanzensorte in einer Einheit. Also genau das Gegenteil von dem, was jeder Hobbygärtner tut. Keine Monokultur, sondern Pflanzgemeinschaften: Man mischt das Saatgut und sät es mit viel Gefühl gleichmäßig auf die vorbereiteten Beete.
Nach dem Säen wird alles mit Stroh abgedeckt, um die keimenden Pflanzen vor dem Austrocknen und vor Unkraut zu schützen. Das Resultat dieser Anbaumethode ist unbeschreiblich. Mit wenig Aufwand, ohne jegliche Düngung und mit viel weniger Wasser als gewohnt gleicht der Garten bald einem Urwald. Einem essbaren Urwald. Jede Ernte wird zum Abenteuer. Man findet jeden Tag neue Zutaten für neue Speisen.
Aus dieser Fülle sind meine Rezepte mit Kapuzinerkresse, Mangold, Senfblättern, Kürbisblättern und Radieschen entstanden. Ich erntete hunderte Radieschen und im Dezember noch immer die Kapuzinerkresse. In dem Buch „Jedem sein Grün!" habe ich meinen Garten vorgestellt und gezeigt, wie ein Ziergarten zum essbaren Garten werden kann. Und damit zum Paradies für Köche.
Aus Blättern kann unendlich viel produziert werden. Pestos, Pasten, Suppen, Spinat, Tees, Essenzen und vieles mehr. Grün macht erfinderisch!

Kapuzinerkressepaste

Zutaten
Für 3 Gläser

5 Handvoll Kapuzinerkresseblätter
1 Prise Salz
125 ml Olivenöl
1 Schuss Ahornsirup

Zubereitung

- Kresseblätter in kleine Stücke reißen. Salz und Olivenöl dazugeben. Mit dem Mixer so lange zerkleinern, bis eine Pesto-ähnliche Konsistenz erreicht ist. Mit einem Schuss Ahornsirup abschmecken.
- In Gläser füllen und kühl lagern.

Radieschenblattpesto

Zutaten
Für 2 kleine Gläser

3 Handvoll Radieschenblätter
2 Zehen Knoblauch
3 TL Ziegenkäse
1 Prise Salz
1 TL Walnüsse
1 EL Suppenwürze (siehe S. 23)

Zubereitung

- Alle Zutaten zusammenmischen, mit dem Stabmixer zerkleinern und in kleine Gefäße füllen. Dunkel und kühl lagern.

Einfacher Senf

Sobald Sie sich mit selbstgemachtem Senf beschäftigen, werden Sie feststellen, dass es sich hier um ein weites Feld für Kreativität handelt. In Zukunft werde auch ich verschiedenste Senfsorten ausprobieren, deshalb fordere ich Sie hiermit auf, sich mir anzuschließen. Mit einem gut kreierten Senf kann man sehr geschmackvolle Dressings, Mayonnaise und auch fein abgeschmeckte Soßen zu Fleischspeisen kochen.

Zutaten

Für 4 Gläser

300 g Senfmehl
750 ml Apfelessig
1 TL Salz
Pfeffer

Zubereitung

- Senfmehl in Apfelessig mit Salz und Pfeffer aufkochen lassen und so lange rühren, bis die Masse ausgekühlt ist. In Gläser abfüllen und an einem dunklen, trockenen Ort lagern.

Süßer Senf

Zutaten

Für 4 Gläser

100 g Senfkörner
50 ml Weißweinessig
5 cm Krenwurzel (Meerrettich)
50 g brauner Zucker
50 ml Ahornsirup

Zubereitung

- Körner zerstoßen und ca. 1 Stunde in Essig ansetzen.
- Kren reißen, alle anderen Zutaten gemeinsam im Mixer zerkleinern. Die Masse erhitzen und im warmen Zustand in Gläser abfüllen. An einem dunklen, trockenen Ort lagern.

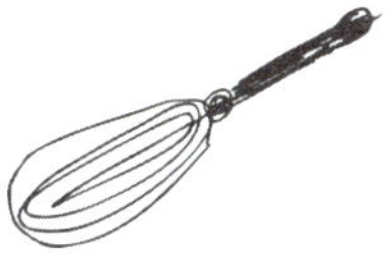

Mayonnaise

Zutaten
Für 4 Gläser

1 Eigelb
1 EL Senf (siehe S. 30)
Öl (nach Bedarf)
1 Schuss Essig
Saft von ¼ Zitrone
1 Schuss Worchestersoße (siehe S. 27)
1 Prise Salz
Pfeffer
1 EL Sauerrahm

Zubereitung

- Eigelb und Senf vermengen. Öl so lange langsam einrühren, bis eine Soße von der Konsistenz einer Mayonnaise entsteht. Mit Essig, Zitronensaft, Worchestersoße, Salz und Pfeffer abschmecken und mit Sauerrahm strecken

TIPP: Mayonnaise ist die Basis für einen Kartoffelsalat (siehe S. 107), Flusskrebscocktail (siehe S. 74), Currysalat und vieles mehr.

Mayonnaise mache ich am liebsten selbst, vor allem deshalb, weil mir meine Mutter beigebracht hat, die perfekte Zusammenstellung zu finden. Das ist eines der Rezepte, bei denen es mir wirklich schwergefallen ist, genaue Angaben zu machen. Hier geht es viel um Gefühl und den perfekt abgerundeten Geschmack. Probieren Sie doch bitte selbst aus, was Ihnen am besten schmeckt!

Leberpastete

Zutaten

Für 4 Gläser

500 g Kalbsleber
2 Zwiebeln
2 Zehen Knoblauch
2 EL Olivenöl
1 Eigelb
1 Prise Salz
10 Pfefferkörner
1 EL Cranberrykompott (siehe S. 131)

Zubereitung

- Backofen auf 180 °C vorheizen.
- Leber reinigen, in einer gefetteten, ofenfesten Form auf der mittleren Schiene im vorgeheizten Backofen ca. 30 Minuten garen.
- Zwiebeln und Knoblauch schälen, klein hacken und anrösten.
- Die gegarte Leber mit den angerösteten Zwiebeln und Knoblauch sowie Olivenöl und Eigelb mit dem Mixstab pürieren. Mit Salz, Pfefferkörnern und etwas Cranberrykompott würzen.
- In Gläser abfüllen und an einem kühlen Ort lagern.

Von der Liebe zu Tieren

Seit meiner Ausbildung zur Holzer'schen Permakultur-Praktikerin organisiere ich Seminare für an alternativer Landwirtschaft Interessierte, zu der natürlich auch die Tierhaltung gehört. Sehr oft sind Veganer und Vegetarier unter den Seminarteilnehmern.
Dabei kommt es immer wieder zu Grundsatzdiskussionen bezüglich Tierhaltung und dem damit verbundenen Fleischkonsum.
In der artgerechten Tierhaltung werden die Tiere in einem für sie nahezu perfekten Umfeld gehalten. Geschlachtet wird mit humanen Tötungsmethoden. Hier steht als höchstes Gebot, die Tiere im gewohnten Umfeld am besten bei der Futteraufnahme zu erlegen. Damit gibt es keine Stresssituation und keine Todesangst, was sich freilich auf die Fleischqualität auswirkt.
Natürlich hat Schlachten immer einen negativen Aspekt, und ich kann sehr gut verstehen, dass man aus Liebe zum Tier einfach kein Fleisch essen will. Aber für jene, die Fleisch essen, wäre es aus humanen und aus gesundheitlichen Gründen besser, auf die Haltung und die Art der Tötung zu achten, was ich daher jedem Konsumenten nahe lege.
Ein Tipp: Betriebe, die seltene Rassen züchten, gewährleisten meist gute und gesunde Qualität. Betriebe, die „Zackelschafe", „Kamutschafe", „Mangalizaschweine" oder „Hochlandrinder" anbieten, sollten Sie in Ihren Fokus nehmen. Wichtig ist es, auf eine Offenstallhaltung zu achten, die einer artgerechten Haltung am nächsten ist. Sie gewährleistet meist eine optimale Lebensgemeinschaft für die Tiere.
Ich bin davon überzeugt, dass artgerechte Tierhaltung und humane Tötung in Ordnung sind, und esse daher ab und zu Fleisch.

Rote Rüben im Glas (Rote Bete)

Rote Rüben, bei uns in Oberösterreich auch „Rauna" genannt, sind aufgrund ihres hohen Vitamin-B-, Kalium-, Eisen- und vor allem Folsäuregehalts ein besonders gesundes Gemüse. Mit der passenden Marinade und ordentlich vorgekocht, stellen sie vor allem im Winter einen wichtigen Beitrag zur Kost dar, die zu dieser Jahreszeit meist nährstoffarm ist. Im Übrigen senken die Roten Rüben den Blutdruck und geben dem Körper viel Energie.

Zutaten

Für 2 Gläser

3 Rote Rüben (Rote Bete)
3 Zehen Knoblauch
4 cm Krenwurzel (Meerrettich)
1 TL Kümmel
125 ml Weißweinessig
1 Prise Salz
2 EL brauner Zucker

Zubereitung

- Rote Rüben waschen, putzen und weich kochen lassen.
- Das Gemüse schälen, in Scheiben schneiden und in Einmachgläser legen. Knoblauchzehen schälen, halbieren und dazugeben.
- Frischen Kren schälen, reißen und darüber verteilen. Zuletzt Kümmel über die Rüben streuen.
- Essig, Salz und Zucker mit Wasser versetzt aufkochen lassen und warm über die eingelegten Rübenscheiben gießen.
- Verschließen und dunkel aufbewahren oder nach einigen Stunden als Salat verzehren.
- Vor dem Servieren nochmals mit frischem Kren bestreuen.

Radieschen in Weißweinessig

Zutaten

Für 2 Gläser

10 Radieschen
2 Zehen Knoblauch
2 Handvoll Kräuter (Thymian, Rosmarin, Basilikum)
125 ml Weißweinessig
1 Schuss Löwenzahnsirup (siehe S. 41)
1 Prise Salz

Zubereitung

- Radieschen und Knoblauch putzen, Radieschen in Scheiben schneiden. Beides in Einmachgläser einlegen. Kräuter darüber legen.
- Essig mit Sirup und Salz aufkochen lassen. Über die eingelegten Radieschen und den Knoblauch leeren.
- Gläser verschließen und mindestens 1 Monat verschlossen und kühl ziehen lassen.

Süß-saure Gurken

Zutaten

Für 2 Gläser

5 Gurken
3 Jungzwiebeln (Frühlingszwiebeln)
2 Zehen Knoblauch
125 ml Weißweinessig
2 EL brauner Zucker
1 Lorbeerblatt
1 Handvoll Senfkörner
10 Pfefferkörner
1 Bund Dille

Zubereitung

- Gurken, Zwiebeln und Knoblauch schälen. Gurken und Zwiebeln in kleine Stücke schneiden und mit dem Knoblauch in Einmachgläser einlegen.
- Essig, Zucker und Gewürze mit Wasser verdünnt aufkochen lassen und über das eingelegte Gemüse gießen.
- Gläser verschließen und dunkel lagern.

Falsche Kapern

Zutaten

Für 2 Gläser

1 Handvoll Knospen (Gänseblümchen, Löwenzahn, Ringelblume, Kapuzinerkresse, etc.)
1 Prise Salz
5 EL Weinessig
10 EL Wasser

Zubereitung

- Knospen je nach Saison ernten, mit Salz einreiben und am besten 24 Stunden ziehen lassen.
- Danach in Weinessig verdünnt mit Wasser aufkochen lassen, Knospen abseihen, dabei das Essigwasser auffangen. Knospen in Einmachgläser füllen. Essig nochmals aufkochen lassen und über die Knospen gießen.
- Verschließen und an einem dunklen Ort aufbewahren.

Chutney aus grünen Tomaten

Zutaten
Für 2 Gläser

2 Äpfel
2 Zwiebeln
10 grüne Tomaten
1 Prise Salz
Saft und Schale von 1 Zitrone
3 EL Apfelessig
500 g hellbrauner Zucker
1 Handvoll Rosinen (siehe S. 42)
1 EL Ingwersirup (siehe S. 41)
1 Handvoll schwarze und gelbe Senfkörner
1 Chilischote

Für das Gewürzsäckchen
5 Korianderkörner
5 Pfefferkörner, schwarz
5 Pimentkörner
2 Zimtstangen (3 cm)

Zubereitung

- Äpfel schälen, entkernen, die Kerngehäuse für das Gewürzsäckchen beiseite legen. Zwiebeln schälen und ebenso wie die Tomaten und Äpfel in kleine Würfel schneiden. Mit Zitrone beträufeln, damit sie nicht braun werden.
- Gewürzsäckchen mit den angeführten Gewürzen befüllen, Schalen und Kerngehäuse der Äpfel dazugeben.
- Tomaten, Äpfel und Zwiebeln in einen großen Topf geben, salzen und bei kleiner Flamme mindestens 20 Minuten leicht köcheln lassen. Immer wieder umrühren, damit sich kein Satz am Topfboden bildet.
- Gewürzsäckchen, Zitronenschale und -saft, Essig, Zucker, Rosinen und Ingwersirup zufügen. Aufkochen lassen und den Zucker unter Rühren auflösen. Mindestens 30 Minuten köcheln lassen, so lange rühren, bis beinahe die gesamte Flüssigkeit verdampft ist und das Chutney eine dickflüssige Konsistenz angenommen hat.
- Senfkörner beifügen und die feingehackte Chilischote einmengen.
- Vor dem Abfüllen das Gewürzsäckchen entfernen und mindestens 1 Monat an einem dunklen Ort ziehen lassen.

Getrocknete Tomaten
in Olivenöl

Zutaten
Für 2 Gläser

10 Tomaten
1 Prise Salz
Pfeffer
3 EL Weißweinessig
3 EL Wasser (nach Geschmack)
5 Zehen Knoblauch
1 Handvoll Thymian
ca. 250 ml Olivenöl

Zubereitung

- Backofen auf 80 °C vorheizen.
- Tomaten halbieren, salzen, pfeffern und entkernen. Auf ein Backblech auflegen und mindestens 10 Stunden im Backofen trocknen lassen.
- Weißweinessig mit Wasser verdünnen, Tomaten einlegen und aufkochen lassen. Kurz ziehen lassen und dann so lange abtupfen, bis die Tomaten völlig trocken sind.
- Danach Tomaten und geschälte Knoblauchzehen in Einweckgläser einlegen. Thymian dazu geben und mit Olivenöl übergießen, bis das Glas gefüllt ist.
- Verschließen und mindestens 1 Monat an einem dunklen, kühlen Ort ziehen lassen.

Rübensirup

Wussten Sie, dass Sie Medizin im Garten haben? Die Mairübe ist eine solche! Der aus ihr gewonnene Sirup ist nicht nur ein hervorragendes Süßungsmittel wie die auf den folgenden Seiten auch, er eignet sich – tröpfchenweise eingesetzt – hervorragend zur Bekämpfung von Erkältungskrankheiten.

Zutaten

Für 70 ml

1 Mairübe oder schwarze Rübe
4 TL (pro Vorgang je 2 TL) brauner Zucker

Zubereitung

- Rüben von Grünzeug befreien, waschen, halbieren und aushöhlen. Die halben Rüben auf Gläser setzen (dient als Auffanggefäß) und die Aushöhlung mit braunem Zucker füllen.
- Nach spätestens 10 Stunden hat sich der Zucker in einen Sirup verwandelt und ist durch die Rübe in das Glas getropft. Vorgang wiederholen.
- Sirup in kleine Fläschchen füllen und im Kühlschrank lagern.

Aroniabeerensirup

Zutaten

Für 500 ml

1 kg Aroniabeeren
1 kg weißer Kandiszucker
Saft von 2 Zitronen

Zubereitung

- Beeren entstielen, reinigen und in einem Topf mit kaltem Wasser zustellen. Aufkochen und mindestens 30 Minuten kochen lassen. Die Beeren müssen weichgekocht sein.
- Saft und Beeren durch ein Sieb pressen.
- Den entstandenen Saft mit Zucker und Zitronensaft aufkochen und so lange kochen lassen, bis sich der Zucker aufgelöst hat.
- Warm in verschließbare Flaschen abfüllen. Kühl und dunkel lagern.

TIPP: Auf dieselbe Weise können Sie auch Holunderbeerensirup herstellen.

Steviasirup

Zutaten

Für 250 ml

2 Handvoll Steviablätter
1 Flasche Wodka

Zubereitung

- Blätter mit Wodka übergießen und mindestens 24 Stunden ziehen lassen.
- Am nächsten Tag aufkochen und ca. 30 Minuten köcheln lassen
- In wiederverschließbare Flaschen füllen. Gekühlt und dunkel lagern.

Blütensirup

Zutaten

Für 2 l

2 Handvoll Löwenzahn-, Borretsch- oder Holunderblüten
500 g Zucker
1 Zitrone
Wasser

Zubereitung

- Blütenblätter von den grünen Blättern trennen, in einen Kochtopf geben und mit Wasser bedeckt ziehen lassen. Nach ca. 2 Stunden kurz aufkochen und für etwa 12 Stunden stehen lassen (am besten über Nacht).
- Blütenblätter durch ein Tuch auspressen. Flüssigkeit aufkochen lassen, braunen Zucker bei Erwärmen der Flüssigkeit einrühren und so lange köcheln lassen, bis der Sirup eindickt.
- In wiederverschließbare Flaschen abfüllen und kühl lagern.

Ingwersirup

Zutaten

Für 250 ml

10 cm Ingwerwurzel
Saft von 2 Zitronen
2 EL Honig

Zubereitung

- Ingwer schälen und in kleine Würfel schneiden. In einen Kochtopf geben, mit kaltem Wasser bedecken und aufkochen lassen. Etwas ziehen lassen.
- Zitronensaft und Honig beimengen, nochmals aufkochen und ca. 30 Minuten köcheln lassen.
- Den Sirup durch ein Sieb seihen und noch heiß in wiederverschließbare Flaschen füllen. An einem dunklen und kühlen Ort lagern.

Birkensaftsirup

Zutaten

Für 500 ml

1 Liter Birkensaft
1 kg Zucker
2 Zimtstangen (3 cm)
5 Gewürznelken

Zubereitung

- Birkensaft kann man zwischen März und Mai, bevor die Birkenblätter sprießen, von einer Birke „abzapfen". Man bohrt einen Birkenstamm an und leitet über einen Strohhalm Flüssigkeit in Fläschchen. Achten Sie darauf, dass der Baum nicht in einer umweltbelasteten Gegend steht.
- Den Saft kann man frisch trinken oder einfrieren, denn er ist nur kurz haltbar.
- Zum Haltbarmachen kocht man die Flüssigkeit mit Zucker so lange bei kleiner Flamme, bis die Farbe dünkler wird. Während des Köchelns Gewürze beigeben und nach Fertigstellung abseihen.
- In vorgewärmte Flaschen abfüllen und gekühlt lagern.

Rosinen

Zutaten

Je nach Bedarf

Trauben (je nach Bedarf)

Zubereitung

- Weintrauben ernten, auf ein Tablett mit Backpapier legen und in der Sonne trocknen lassen.

TIPP: Genauso verfahren, wenn Sie die Trauben im Backofen trocknen wollen. Ofen auf 80 °C vorheizen und ca. 6 Stunden trocknen lassen.

Marmelade aus grünen Tomaten

Zutaten

Für 4 Gläser

3 grüne Tomaten
3 rote Zwiebeln
1 Chilischote
Saft von ½ Zitrone
500 g Gelierzucker
1 Schuss Obstler

Zubereitung

- Zwiebeln schälen und ebenso wie die Tomaten in kleine Würfel schneiden. Gemeinsam mit der Chilischote in einen Topf mit kaltem Wasser geben und ca. 30 Minuten dünsten, bis alles weichgekocht ist. Ein bis zwei Spritzer Zitronensaft dazugeben.
- Gläser in Wasser abkochen. Auf jeden Deckel einen Schuss Schnaps geben.
- Tomaten mit Gelierzucker nach den Angaben auf der Packung aufkochen lassen und die Gelierprobe machen: Einige Tropfen der Marmeladeflüssigkeit auf einen Teller geben. Sobald sie gerinnt, ist die Marmelade fertig.
- Marmelade sauber in die vorbereiteten Gläser füllen und noch warm verschließen.

Schokolade

Zutaten

Für 750 g

250 g Kokosnussfett (100% unbehandelt)
250 g brauner Zucker
1 Packung Vanillepulver
125 g Kakao

Zubereitung

- Fett in einem Wasserbad schmelzen lassen. Zucker und Vanillepulver einrühren, bis die Konsistenz cremig wird. Kakao dazugeben. In Formen abfüllen und kühlen.

TIPP: Zur Verfeinerung kann man einen Schuss Schnaps (selbst gebrannt) oder gedörrte Früchte dazugeben. Auch verschiedene andere Geschmacksrichtungen können erzeugt werden, wenn Salbei- oder Basilikumtinktur etc. beigefügt wird.

Holundersaft

Zutaten

Für 2 l

1 kg Holunderbeeren
2 Zitronen
300 g Zucker
2 Zimtstangen (3cm)
Wasser

Zubereitung

- Beeren reinigen und entstielen. Das Verhältnis Beeren zu Zucker sollte 3:1 und das von Wasser zu Beeren 5:3 sein.
- Zitronen in Scheiben schneiden, mit dem Zucker, den Zimtstangen und dem Wasser ca. 30 Minuten kochen lassen, dann Beeren dazugeben. Aufkochen lassen und 24 Stunden ziehen lassen.
- Am nächsten Tag Flüssigkeit abseihen und nochmals kurz aufkochen lassen.
- Warm in vorgewärmte Flaschen füllen. Dunkel und kühl lagern.

Traubensaft

Zutaten

Für 2 l

1 kg Weintrauben
2 l Wasser

Zubereitung

- Trauben von der Rebe pflücken und mit Wasser so lange kochen (ca. 10 Minuten), bis die Trauben platzen.
- Traubensaft durch ein Sieb und ein Tuch abseihen. Traubenreste mit dem Tuch ausdrücken.
- Saft nochmals aufkochen lassen und in Flaschen abfüllen. Dunkel und kühl lagern.

Borretschblütensekt

Zutaten

Für 20 Viertelliterflaschen

2 Handvoll Borretschblüten
3 kg brauner Zucker
3 Zitronen
5 l Wasser

Zubereitung

- Blüten von Blättern befreien. Zitronen in Scheiben schneiden. Blüten, Zitronenscheiben und Zucker in Wasser geben. 2–3 Tage an einem dunklen Ort ziehen lassen und immer wieder umrühren. Der Zucker sollte sich in dieser Zeit auflösen.
- Danach Flüssigkeit abseihen und in Flaschen abfüllen. An einem kühlen und dunklen Ort lagern. Der Sekt sollte nach 4–5 Wochen fertig sein.

TIPP: Füllen Sie die Flaschen nicht mehr als zu dreiviertel voll. Durch die Lagerung im Dunkeln gärt die Flüssigkeit, und es bildet sich Alkohol.

Bananengeist

In Österreich und in Deutschland ist es möglich, Schnaps ohne Lizenz zu brennen, wenn man ein Brenngerät hat, dessen Brennkessel nicht mehr als zwei Liter fasst. Es werden sogenannte Tischanlagen angeboten, die genau diesen Bestimmungen entsprechen.
So entsteht Schnaps aus angesetzten Früchten, also Maische und Geist: Für den Geist nimmt man einen Korn und reichert ihn mit den Essenzen verschiedener Früchte, Kräuter oder Nadeln an.
Um alles richtig zu machen, muss man – so wie ich es tat – einen zweitägigen Kurs besuchen. Ich kann berichten, dass es ein schönes Erlebnis ist, die Früchte, Kräuter oder Blüten seines Gartens als Schnaps zu genießen.

Zutaten

Für 0,4 l Geist

Zutaten
1,5 l weißer Tafelwein
2 Bananen

Zubereitung

- Tafelwein in ein Brenngerät füllen, Bananen schälen, fein hacken und in ein Sieb legen. Sieb in den mit Alkohol gefüllten Behälter setzen. Wasser in den Kühler füllen. Mit Flamme Brenntopf erhitzen.
- Sobald die Flüssigkeit heiß genug ist, beginnt der Geist aus dem vorgesehenen Hahn zu tropfen. Nun ist es sehr wichtig, das Kühlwasser immer kühl zu halten. Sollte das Wasser zu heiß werden, muss es gewechselt werden. Sobald die Temperatur am Messgerät 95 °C übersteigt, ist der Brennvorgang zu beenden.
- Der entstandene Geist kann nun einen höheren Alkoholgehalt als 43 % vol. haben. Da muss man mit destilliertem Wasser die richtige Mischung errechnen, um ihn zu verdünnen (genaue Beschreibung im Buch: „Schnapsbrennen als Hobby" von Bettina Malle & Helge Schmickl).

Brot

Brot Backen ist leichter als Kuchen Backen! Man benötigt nur Mehl und Wasser. Man kreiert sein eigenes Brot und kann Abstand vom leblosen Industriebrot nehmen. Selbstgebackenes Brot ist der erste Schritt in die Unabhängigkeit.
Wenn Sie zu Hause Brot backen wollen, so ist die wichtigste Voraussetzung dafür die richtige Getreidemühle: Der Mahlstein muss unbedingt ein Granitstein sein. Der Bauer meiner Wahl hat selbstverständlich Bio-Getreide, das aber je nach Witterung von Jahr zu Jahr eine andere Beschaffenheit haben kann, die sogar von den Mondphasen während des Mahlvorgangs abhängt. Deshalb wird sich sowohl die Teigkonsistenz immer wieder anders anfühlen wie auch das Brot anders schmecken.

Zutaten

Für 1 kg Brot

500 g Roggenmehl
500 g Emmerkorn
20 g Hefe
  oder 20g Sauerteig (siehe S. 49)
1 Prise Salz
Wasser nach Bedarf

Zubereitung

- Alle Zutaten so lange vermengen, bis sich der Teig dicht, aber nicht fest anfühlt. Teig mindestens 2 Stunden an einem warmen Ort gehen lassen (jeglichen Zug vermeiden!). Nochmals durchkneten und wieder eine Stunde gehen lassen.
- Backofen auf 220 °C vorheizen. Blech einstauben.
- Nun die Masse in 4 Teile teilen, 4 Brotlaibe formen und nochmals ca. 20 Minuten auf dem Blech ruhen lassen. Blech in die mittlere Schiene schieben und 30 Minuten backen. Ofen auf 150 °C zurückdrehen und in 30 Minuten fertig backen.
- Wenn das Brot beim Abklopfen hohl klingt, ist es fertig.

TIPP: Geben Sie dem Teig zur geschmacklichen Abwechslung Brotgewürze wie Kümmel, Anis, Koriander, Thymian oder Bärlauch bei.

Sauerteig

Zutaten
Für 700 g

ca. 700 g Mehl (Roggenvollkornmehl)
Wasser

Zubereitung

- 100 g Mehl mit Wasser anrühren. Der Teig sollte dickflüssig sein. An einem warmen Ort 24 Stunden ruhen lassen.
- Am nächsten Tag wieder 100 g Mehl und entsprechend Wasser zufügen. Den Teig wieder 24 Stunden an einem warmen Ort ruhen lassen. Diesen Vorgang so lange fortsetzen, bis der Sauerteig fertig ist. Das kann bis zu 7 Tage dauern.
- Ein Sauerteig ist fertig,
  - wenn der Teig säuerlich riecht;
  - wenn sich Schaum auf der Oberfläche gebildet hat;
  - wenn der Teig aus der Nähe betrachtet nur mehr aus kleinen Bläschen besteht.

TIPP: Wenn man einmal einen Sauerteig hergestellt hat, kann man immer einen Teil als Basis für den nächsten Sauerteig zurückhalten. Im Kühlschrank aufbewahren.

Pasta

Zutaten

Für 500 g getrocknete Nudeln

250g Vollkornmehl (Roggen)
250g Mehl (Roggen)
1 Prise Salz
1 Ei
7 EL Wasser

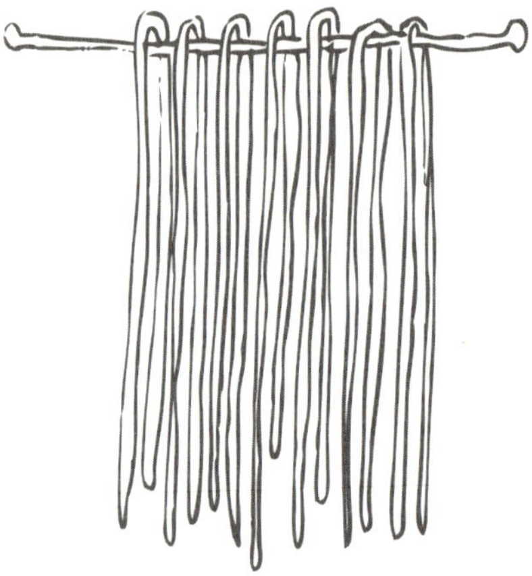

Zubereitung

- Alle Zutaten vermengen und gut durchkneten. Den fertigen Teig abdecken und an einem warmen Ort mindestens 1 Stunde ruhen lassen.
- Nun den Teig flach ausrollen und über eine Nudelmaschine in Nudeln teilen. Nudeln zum Trocknen aufhängen.

TIPP: Man kann den Nudelteig mit verschiedenen Kräutern wie Brennnesseln, Kapuzinerkresse, Mangold, Löwenzahn, Salbei würzen, das ergibt ein besonders feines Aroma. Dazu Blätter kurz weichkochen, dann ganz fein zerkleinern und ebenfalls unter den Teig mengen. Bei Beigabe von Kräutern oder sonstigen Blättern Teig eine Stunde länger rasten lassen.

Aussteigen

… ist nicht jedermanns Sache und auch nicht für alle Mitglieder unserer Gesellschaft möglich. Es wäre natürlich eine schöne Wende in unserer aus den Fugen geratenen Welt, würde sich der derzeitige Zustand unserer Gesellschaft drehen. Nicht nur unser Leben, auch unsere Gesundheit würde sich festigen. Das wäre ein hochgestecktes Ziel, aber ohne ein solches kommt keine Bewegung in unsere Welt. Doch jeder kleine Schritt in eine neue Richtung wird uns Besserung bringen.

Ausschlaggebend für meinen Entschluss, aus einer so arbeitsteiligen Gesellschaft, die sich von globalisierten Betrieben bestimmen lässt und ihre Ernährungskompetenz völlig ausgeschaltet hat, auszusteigen war die Ausbildung bei Sepp Holzer und seinem Sohn Josef Holzer am Krameterhof. Ich wollte mich selbst völlig autark mit Energie und bester Nahrung versorgen. Damals hatte ich zwar noch keine Ahnung, wie einfach das geht, aber es war mein vorgefasstes Ziel.

Mittlerweile bin ich schon viele Schritte weiter gekommen und bin sehr beeindruckt, was ich in dieser kurzen Zeit erreicht habe und wie schnell ich in diese Materie eintauchen konnte. Keine vier Jahre sind vergangen, und ich traue mir schon einen Großteil an Selbstversorgung zu. Ich habe meinen Garten im Lauf von drei Jahren schrittweise umgebaut. Nie habe ich mir träumen lassen, was auf solch einer kleinen Fläche alles angebaut werden kann.

FRÜHLING

Mulchen muss sein

Der Frühling ist die Zeit des Erwachens. Grund und Boden haben sich während der langen Zeit der Ruhephase im Winter regeneriert. Der Start in den Frühling hat allerdings nach meinem Eintauchen in die Permakultur andere Abläufe bekommen.

Im beginnenden Frühling beobachte ich zunächst meinen Garten. Da ich im Herbst noch einmal frisch ausgesät habe, ist es immer sehr spannend, welche Überraschungen die warme Jahreszeit bringt. Meist setzen sich Mangold, Gelber Senf, Brennnessel, Kresse und einiges mehr durch. Sobald diese Pflanzen voll im Wachsen sind, beginnen die Umbauarbeiten. Das Mulchmaterial des Vorjahrs wird abgetragen, die Erde aufgelockert und dann wird eingesät und gepflanzt. Bei den Jungpflanzen achte ich auf Biopflanzen oder ich verwende meine während des Winters selbst vorgezogenen Pflänzchen. Beim Saatgut greife ich ausschließlich auf alte Sorten zurück. Eine sehr gute Quelle dafür ist das Unternehmen Reinsaat (siehe S. 14ff).

Nachdem all diese Arbeiten abgeschlossen sind, werden alle Beete und alle bepflanzten Stellen mit Stroh bedeckt, also gemulcht. Das Mulchen hat einerseits den Vorteil, das Erdreich vor dem Austrocknen zu schützen, und andererseits wird durch das Abdecken dem „Unkraut“ Platz genommen. Ein weiterer Vorteil ist, dass das Beet weniger Wasser benötigt – durch die Abdeckung mit Stroh bleibt die Feuchtigkeit länger im Erdreich.

Solange der Garten noch nicht voll erblüht ist, kann man bereits im Wald und auf den Wiesen die ersten Blätter und Blüten ernten. Von Birken kann Birkensirup gezapft und aus jungen Tannennadeln Schnaps gebrannt oder Honig produziert werden.

Beim Einsäen des ausgewählten Saatguts mische ich alle von mir gewünschten Sorten zusammen. Bohnen, Zucchini, Sonnenblumen und Gurken werden einzeln in den Boden gesteckt. Das gemischte Saatgut wird ausgesät. Diese Art zu gärtnern bringt sehr hohe Erträge. Mein Garten hat nur etwas mehr als 100 Quadratmeter, doch ich habe eine derartige Fülle an Gemüse, dass ich viele Freunde damit versorgen kann. Womit wir beim Thema „gartenfreie Zone“ angelangt sind. Würden alle Gärten so viel Ertrag abwerfen, wie mein Minigarten, so wäre die Tauschgesellschaft perfekt. Deshalb ist es ganz wichtig, dass Städter mitten in ihren Betonwüsten erkennen, dass auch sie die beste Qualität an Versorgung bekommen können, sobald sie jeden Quadratmeter zum Bepflanzen nutzen.

Ein Tipp: Schon im Winter hole ich möglichst viele Informationen über seltene und fast ausgestorbene Pflanzen. Denn sobald es möglich ist, besorge und pflanze ich sie. So kann ich seit einem Jahr die Aroniabeere ernten – eine Beere mit extrem hohem Vitamin-C-Gehalt. Auch für das kommende Jahr bin ich schon wieder auf der Suche nach einem tollen neuen Beerenstrauch.

Brennnesselsuppe
mit Bärlauch

Verkocht schmecken Brennnesseln traumhaft gut! Meine Freunde sind immer noch verwundert, wie man aus diesem Wildgemüse so köstliche Speisen kreieren kann, muss man doch deren Brennhaare fürchten. Doch das geht ganz einfach: Die frischen, jungen Blätter mit Hilfe von Handschuhen ernten, unter kaltem Wasser spülen und schneiden. Sobald das geschehen ist, lässt sich die Brennnessel ohne die unliebsamen Nebenwirkungen angreifen. Beim Ernten sollten Sie jedoch darauf achten, keine Pflanzen direkt vom Straßenrand zu pflücken. Meiden Sie auch die Nähe von traditionell bestellten Feldern – sie sind mit Chemie gedüngt.

Zutaten
Für 2 Portionen

5 Handvoll Brennnesselblätter
3 Handvoll Bärlauchblätter
1 TL Butter
1 Zwiebel
1 Kartoffel
1 EL Suppenwürze (siehe S. 23)
2 EL Obers
1 TL Nüsse
1 EL Rosinen (siehe S. 42)
1 Schuss Löwenzahnsirup (siehe S. 41)

Zubereitung

- Brennnessel- und Bärlauchblätter waschen, entstielen und in Butter anrösten. Zwiebel kleingeschnitten dazu mengen. Alle Zutaten weiter anrösten.
- Kartoffel schälen und in kleine Würfel schneiden. Kartoffelstücke der gerösteten Menge beifügen, mit Wasser aufgießen und mit Suppenwürze abschmecken.
- Sobald alle Zutaten weichgekocht sind, die Masse pürieren. Nochmals abschmecken. Obers beimengen.
- Nüsse reiben und gemeinsam mit den Rosinen in die Suppe geben, mit einem Schuss Löwenzahnsirup abschmecken.

Radieschensalat
mit gebratenen Brennnesselblättern

Zutaten
Für 2 Portionen

5 Handvoll Brennnesselblätter
1 TL Butter
1 Prise grobkörniges Salz
10 Radieschen
1 Schnitte Schafkäse
3 EL Limettenöl
1 EL Feigenessig
1 EL Gänseblümchenkapern (siehe S. 36)

Zubereitung

- Brennnesselblätter frisch ernten und in Butter knusprig rösten, salzen.
- Radieschen in feine Scheiben schneiden, ein wenig salzen und den Boden bedeckend auf einen Teller legen. Darauf die heißen, frisch gerösteten Brennnesselblätter legen, mit Schafkäse bedecken.
- Als Dressing Limettenöl und Feigenessig mischen und über die Speise gleichmäßig verteilen. Für die Garnitur einige Gänseblümchenkapern darüber streuen.

Sauerampfersuppe

Zutaten
Für 2 Portionen

2 Kartoffeln
1 Zwiebel
5 Handvoll Sauerampfer
1 TL Butter
2 EL Suppenwürze (siehe S. 23)
100 ml Schlagobers (Schlagrahm)
1 Schuss Holunderbeerensirup (siehe S. 40)
5–10 Erdbeeren

Zubereitung

- Kartoffeln und Zwiebel kleinwürfelig schneiden. Sauerampfer dazu mengen. In Butter anrösten und mit Wasser aufgießen. Suppenwürze dazumengen, aufkochen und köcheln lassen, bis alle Bestandteile weichgekocht sind.
- Mit einem Mixer fein pürieren und Schlagobers dazugeben. (Nicht mehr aufkochen lassen.)
- Mit einem Schuss Holunderbeerensirup abschmecken und mit Erdbeeren dekoriert servieren.

Weinblattsuppe

Zutaten

Für 2 Portionen

1 Zwiebel
½ Hühnerbrust
1 Handvoll junge Weinblätter
1 TL Butter
125 ml Weißwein
2 EL Suppenwürze (siehe S. 23)

Zubereitung

- Zwiebel und Hühnerbrust in kleine Stücke schneiden. Gemeinsam mit den Weinblättern in Butter anrösten und mit Weißwein ablöschen. Mit Wasser aufgießen und mit Suppenwürze würzen.
- Suppe ca. 10 Minuten köcheln lassen, heiß servieren.

Mangold-Holunderblüten-Suppe

Zutaten

Für 2 Portionen

10 Blätter Mangold
1 Zwiebel
1 Kartoffel
½ Stange Lauch
2 EL Butter
2 EL Suppenwürze (siehe S. 23)
1 Dolde Holunderblüten
100 g Schaf- oder Ziegenkäse
1 EL Holunderbeerensirup (siehe S. 40)

Zubereitung

- Mangold, geschälte Zwiebel und geschälte Kartoffel in kleine Würfel, Lauch in dünne Scheiben schneiden. Alle Zutaten in Butter anrösten. Mit Wasser aufgießen und mit Suppenwürze abschmecken.
- Holunderblüten kurz vor dem Ende der Garzeit zugeben. Wenn alle Bestandteile weichgekocht sind, die Suppe pürieren. Nochmals mit Suppenwürze abschmecken.
- Schafkäse in die Suppe geben und Suppe aufkochen lassen. Vor dem Servieren mit einem Schuss Holunderbeerensirup abschmecken.

Markbrot – Schnittlauchbrot

Zutaten
Für 2 Portionen

3 Rindsknochen mit Mark
1 l Rindsuppe (Fleischbrühe, siehe S. 20)
4 Scheiben Brot (siehe S. 48)
1 TL Butter
1 Bund Schnittlauch
1 Prise Salz

Zubereitung

- Rindsknochen in der Rindsuppe mitkochen lassen.
- Zwei Scheiben Brot mit Butter bestreichen, Schnittlauch in feine Röllchen schneiden und auf die Scheiben mit Butter dicht streuen. So dicht, dass man keine Butter mehr sieht. Salzen.
- Rindsmark aus den Knochen drücken und mit der Gabel zerdrücken. Die beiden restlichen Brotscheiben toasten, mit dem zerdrückten Mark belegen und salzen.
- Brote noch warm servieren.

Kalter Spinat
mit warmem Flusskrebsdressing

Zutaten
Für 2 Portionen

1 Handvoll Flusskrebse, in Lauge eingelegt
1 Zwiebel
1 TL Butter
1 Schuss Worchestersoße (siehe S. 27)
1 Tasse Rindsuppe (Fleischbrühe, siehe S. 20)
5 Handvoll Blattspinat

Zubereitung

- Flusskrebse reinigen und Zwiebel schneiden. Die Zutaten in Butter anrösten und zuerst mit Worchestersoße und dann mit Suppe ablöschen. Ein wenig einkochen lassen.
- Blattspinat gewaschen auf einen Suppenteller legen und heiße Soße über den Blattspinat gießen.

Blätterteigtaschen

mit Bärlauch-Malabarspinat-Füllung

Zutaten

Für 2 Portionen

Für den Blätterteig

1 Becher Vollkornmehl (Roggen).
1 Becher Topfen (Frischkäse)
125 g Butter
Salz
1 Ei

Für die Füllung

500 g Bärlauch
250 g Malabarspinat
1 Zwiebel
1 TL Butter
2 Zehen Knoblauch
250 g Schafkäse
1 EL Suppenwürze (siehe S. 23)

Zubereitung

- Für den Blätterteig Mehl, Topfen und Butter verkneten. Während des Verknetens salzen. Teig 2 Stunden an einem kühlen Ort ruhen lassen.
- Für die Füllung Bärlauch, Malabarspinat und Zwiebel in kleine Stücke schneiden. Diese Zutaten in Butter anrösten. Knoblauch zerdrücken und beimengen. Nun Schafkäse in kleinen Teilen dazugeben. Mit Suppenwürze abschmecken.
- Backofen auf 180 °C vorheizen.
- Teig aus dem Kühlschrank nehmen, flach walken und in gleichmäßige Vierecke schneiden. Auf jedes Viereck Masse auftragen. Ecken zusammenklappen und fertige Taschen mit Eidotter bestreichen.
- Taschen auf ein gefettetes Blech legen und im vorgeheizten Ofen ca. 20 Minuten Backen.

TIPP: Dazu passt gut eine Kräutersoße (siehe Folienkartoffeln S. 78).

Gefüllte Senfblätter

Zutaten

Für 2 Portionen

10 Senfblätter
Kräuter nach Wahl
150 g Ziegenkäse
1 EL Suppenwürze (siehe S. 23)
200 g Selchspeckscheiben
1 TL Butter
1 Schuss Löwenzahn-, Borretsch- oder Holunderblütensirup (siehe S. 41)
Salzwasser

Zubereitung

- Senfblätter kurz in kochendem Salzwasser blanchieren. Danach kalt abschrecken.
- Kräuter fein hacken, unter den Ziegenkäse mengen und mit Suppenwürze abschmecken.
- Ziegenkäse zu esslöffelgroßen Nockerln formen und mit Blättern umwickeln. Über die Blätterpäckchen die Speckscheiben rundum legen und mit Zahnstochern fixieren.
- In Butter anbraten und kurz mit einem Schuss Sirup übergießen.

TIPP: Dazu servieren Sie am besten Kartoffelpüree und Salat. Dasselbe Rezepte können Sie auch im Herbst zubereiten, wenn Sie an Stelle der Senfblätter, Weinblätter verwenden.

Eiernockerln

Zutaten

Für 2 Portionen

Für den Teig

ca. 150 g Mehl
2 Eier
1 Prise Salz
150 ml Milch

Für das Topping

4 Eier
3 EL Sauerrahm.
1 TL Butter
1 Bund Schnittlauch
1 EL Kresse
1 Handvoll Sauerampfer

Zubereitung

- Mehl salzen, 2 Eier dazuschlagen, mit Milch so lange glattrühren, bis sich der Teig leicht vom Kochlöffel löst. Mit Mehl oder Milch kann man jederzeit nachbessern, um dem Teig die richtige, geschmeidige Konsistenz zu geben.
- Reichlich Salzwasser aufkochen lassen. Einen Esslöffel in einem Glas mit heißem Wasser vorwärmen, Teigstücke damit ausstechen und Nockerl für Nockerl in wallend kochendes Wasser legen. Nockerln so lange im Wasser lassen, bis sie an der Oberfläche schwimmen. Dann abschöpfen und in zerlassener Butter schwenken.
- Für den Überguss Eier aufschlagen und Sauerrahm unterrühren. Nockerln nochmals in einer Pfanne mit zerlassener Butter anrösten, geschlagene Eier darüber kippen und kurz mitrösten. Die Eimasse sollte stocken.
- Frische Gartenkräuter hacken, über die fertigen Eiernockerln streuen und heiß servieren.

TIPP: Dazu passt bestens Rucolasalat mit Kernöl.

Pasta mit Radieschenblattpesto

Zutaten

Für 2 Portionen

1 Handvoll Radieschenblätter
1 Handvoll Bärlauch
1 Zehe Knoblauch
150 g Ziegenkäse
5 Walnüsse
1 TL Suppenwürze (siehe S. 23)
1 Portion Pasta (siehe S. 50)

Zubereitung

- Radieschenblätter, Bärlauch, Knoblauch klein hacken. Ziegenkäse und Nüsse zerkleinern und mit der Suppenwürze dazu mengen. Alles gut durchmischen.
- Pasta in kochendes Salzwasser mit etwas Olivenöl geben. Al dente kochen lassen, abseihen, in Butter schwenken. Gemeinsam mit dem Radieschenblattpesto anrichten und schnell servieren.

TIPP: Dazu passt am besten Wildkräutersalat.

Zitronenhuhn

Zutaten

Für 2 Portionen

1 Zwiebel
1 Mangoldblatt
1 Handvoll Gelbsenfblätter
3 Blätter Malabarspinat
1 Hühnerbrust
1 TL Butter
1 EL Suppenwürze (siehe S. 23)
Saft von 1 Zitrone
1 EL Zitronenöl

Zubereitung

- Zwiebel klein schneiden, Mangold-, Senf- und Spinatblätter in mundgerechte Stücke reißen. Die Hühnerbrust in große Würfel schneiden.
- Zwiebel, Blätter und Hühnerbrust in Butter kurz anrösten. Mit Suppenwürze abschmecken und mit Zitronensaft löschen.
- Auf einem Teller mit einem Schuss Zitronenöl anrichten.

Gegrillte Flusskrebse

Eigentlich habe ich immer gern gegrillte Shrimps gegessen, doch leider ist mir die Freude daran in den letzten Jahren vergangen. Denn heute werden diese Krustentiere in Massenhaltung gezüchtet. Vollgestopft mit Medikamente ist vom Genuss abzuraten. Darum ist meine Wahl auf Flusskrebse gefallen – österreichische Flusskrebse! Eine Rarität, aber erhältlich. Es gibt Flusskrebse aus Holland, China oder vielen anderen Ländern. Bitte achten Sie beim Kauf auf die Herkunft aus Österreich.

Zutaten

Für 2 Portionen

1 Handvoll frische Kräuter
1 Tasse Olivenöl
250 g Flusskrebse, in Lauge eingelegt
Saft von 1 Zitrone
1 Zwiebel
1 Zehe Knoblauch
1 Handvoll Mangold
1 EL Suppenwürze

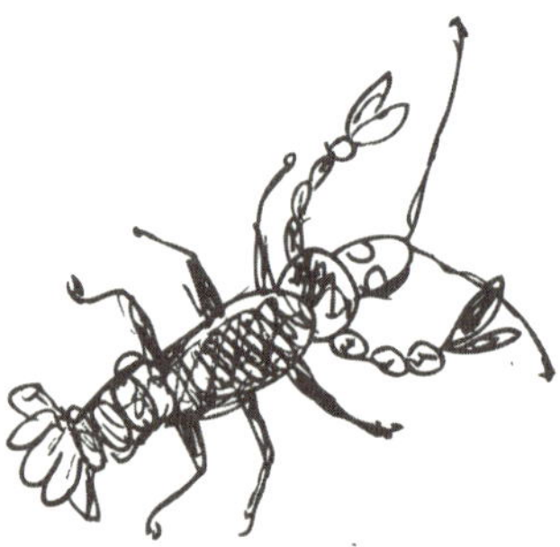

Zubereitung

- Flusskrebse in Stücke schneiden, Kräuter fein hacken und gemeinsam in Öl über Nacht marinieren.
- Flusskrebse mit Zitronensaft beträufeln.
- Zwiebel und Knoblauch fein würfeln, Mangold in Streifen schneiden und zusammen mit den Flusskrebsen anrösten. Mit Suppenwürze abschmecken.

TIPP: Dazu passen grüner Salat und Bratkartoffeln.

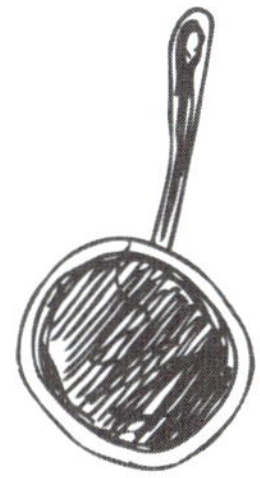

Kaiserschmarrn ohne Schnee

Zutaten

Für 2 Portionen

4 EL Mehl
2 EL Sauerrahm
1 Prise Salz
ca. 10 EL Milch
1 Handvoll Rosinen
4–6 Eier
1 TL Butter
2 EL brauner Zucker

Zubereitung

- Mehl und Sauerrahm vermengen, salzen. Milch esslöffelweise einrühren, bis der Teig geschmeidig wird.
- Rosinen dazu geben und die ganzen Eier einheben. Man sollte die Eispuren noch im Teig sehen.
- Den Teig ein wenig ruhen lassen.
- Butter in der Pfanne zergehen lassen und den Teig eingießen. Deckel auf die Pfanne setzten und bei mittlerer Hitze ca. 5 Minuten in dieser Position ziehen lassen, Omelette wenden. Falls es zerbricht keine Sorge, Masse wird in weiterer Folge sowieso zerrissen.
- Nun zweite Seite 5 Minuten erhitzen, dann die Masse in kleine Stücke reißen und noch ein wenig bei mittlerer Hitze am Herd stehen lassen, dabei immer wieder die einzelnen Stücke wenden.
- Den Kaiserschmarrn mit braunem Zucker bestreut servieren.

TIPP: Dazu servieren Sie am besten Apfelmus, Zwetschken- oder Hollerröster (siehe S. 110).

Frühlingssalat

Zutaten

Für 2 Portionen

1 Handvoll Löwenzahnblätter
1 Handvoll Rucola
1 Handvoll Senfblätter
1 Handvoll Blattsalat
4 Radieschen
½ Handvoll Gänseblümchenknospen

Für das Dressing

3 Jungzwiebeln (Frühlingszwiebeln)
1 Zehe Knoblauch
1 Bund Schnittlauch
1 TL Senf (siehe S. 30)
3 Teile Olivenöl
1 Teil Essig
1 Prise Salz
1 Prise Pfeffer
1 EL Sauerrahm

Zubereitung

- Alle Blätter in kleine Stücke reißen und in eine Schüssel geben. Radieschen in Scheiben schneiden und mit den Gänseblümchenknospen unter die Blätter mengen.
- Für das Dressing Jungzwiebeln und Knoblauch fein hacken, Schnittlauch in kleine Röllchen schneiden und mit Senf vermischen. Öl unter Rühren so lange beimengen, bis eine cremige Soße entsteht. Mit Essig, Salz und Pfeffer abschmecken. Wenn gewünscht, Marinade mit Sauerrahm strecken.
- Salat mit dem Dressing mischen und anrichten.

Karottensalat

Zutaten

Für 2 Portionen

5 Karotten
Saft von 1 Zitrone
2 EL Sauerrahm
5 EL Kernöl
1 Schuss Ahornsirup

Zubereitung

- Karotten raspeln und mit Zitronensaft beträufeln, mit Sauerrahm und Kernöl marinieren.
- Mit einem Schuss Ahornsiurp abschmecken und servieren.

Rucolasalat
mit Kartoffeln und Kernöl

Zutaten
Für 2 Portionen

5 kleine Kartoffeln
4 Handvoll Rucola
1 Zwiebel
3 Teile Kernöl
1 Teil Apfelessig
1 Prise Salz

Zubereitung

- Kartoffeln kochen und abkühlen lassen, schälen und in Scheiben schneiden.
- Rucola waschen, Blätter von den Stielansätzen befreien und zu den Kartoffelscheiben geben. Zwiebel klein hacken und untermischen.
- Salat salzen, Essig und Öl beimengen, gut mischen und servieren.

TIPP: Im Winter ist dieser Salat mit Vogerlsalat zubereitet genauso köstlich!

Radieschensalat

Zutaten
Für 2 Portionen

10 Radieschen
2 Jungzwiebeln (Frühlingszwiebeln)
1 Prise Salz
1 Bund Schnittlauch
1 Teil Feigenessig
3 Teile Oilvenöl

Zubereitung

- Radieschen in dünne Scheiben schneiden. Jungzwiebeln klein hacken und Schnittlauch in feine Röllchen schneiden.
- Radieschen mit wenig Salz ca. 5 Minuten ziehen lassen. Wasser abgießen, mit den Jungzwiebeln mischen und mit Essig und Öl marinieren.
- Mit Schnittlauchröllchen bestreut servieren.

Holunderblüten in Bierteig

Holundersträucher sind bei Nachbarn sehr unbeliebt. Im Frühling verunreinigen die Blüten die Wege, und im Herbst machen die herabfallenden Beeren unschöne Kleckse auf Gartenbänke, Mauerkronen, Gartenzäune und vieles mehr. In Wahrheit ist aber dieser Strauch eine Quelle für bekömmliche Speisen. Holunderblütensirup, gebackene Blütenblätter, Hollererröster und Beerensirup sind sehr gesund und wirken auch als Heilmittel. Deshalb halte ich es für wichtig, in jeden Garten zumindest einen Holunderstrauch zu pflanzen.

Zutaten

Für 2 Portionen

125 ml Bier
150 g Mehl
2 Eier
5 EL Milch
1 Prise Salz
4 EL Öl
5 Holunderblütendolden
1 Glas Holunderblütensirup (siehe S. 41)
Staubzucker (Puderzucker) nach Belieben

Zubereitung

- Bier, Mehl, Eier und Milch zusammenrühren. Mit Salz abschmecken. Teig ein wenig gehen lassen.
- Öl in einer Pfanne erhitzen.
- Holunderblüten säubern und in den vorbereiteten Teig tunken. Getunkte Dolden im heißen Öl herausbacken, mit einem Schaumlöffel aus der Pfanne heben und abtropfen lassen.
- Auf vorgewärmten Tellern anrichten, mit Staubzucker bestreut und mit Holunderblütensirup umgeben servieren.

Erdbeeren in Schokolade
mit Löwenzahnsirup

Zutaten
Für 2 Portionen

200 g Erdbeeren
150 g Schokolade (siehe S. 44)
125 ml Löwenzahnsirup

Zubereitung

- Die Erdbeeren mit den spitzen Enden in der flüssigen Schokolade tunken. Die Früchte im Kühlschrank kühlen, bis die Schokolade fest ist.
- Erdbeeren auf Tellern anrichten und mit Löwenzahnsirup umgeben servieren.

Erdbeeren sind ganz köstliche Beeren. Es gibt unzählige alte Sorten und es sind der Fantasie keine Grenzen gesetzt. Es gibt für diese Beere unendlich viele Möglichkeiten, köstliche Speisen zu zaubern. Für mich ist Frühling, sobald es frische Erdbeeren gibt. So darf bei mir eine Erdbeerbowle auf keiner Frühlingsparty fehlen, aber auch Erdbeeren mit Sauerrahm zur Nachspeise genügen, um mich glücklich zu machen. Fein sind auch die zahlreichen Möglichkeiten, diese Früchte selbst von Biofeldern zu ernten. Sich dabei den Bauch vollzuschlagen ist im Preis inbegriffen …

SOMMER

Grenzenlos natürlich

Gemüse, Obst und Kräuter sind die Boten des Sommers. Gurken, Zucchini, Tomaten, Auberginen, Paprikas, Getreide, Mais und vieles mehr ist bereit zur Ernte. Am besten ist es, den Ertrag so schnell wie möglich zuzubereiten und zu servieren. Es gibt nichts Köstlicheres als frisches Gemüse bei einem Grillfest. Und aus Kräutern und Beeren können prickelnde Getränke gemixt werden.

Das, was nicht sofort gegessen werden kann, mache ich haltbar und koche daher vieles ein. Aber auch Eingelegtes, Getrocknetes oder zu Säften verarbeitetes Gemüse und Obst sind hervorragende Begleiter durch die vegetationsarmen Jahreszeiten. Ein gefüllter Vorratskeller ist das Um und Auf des Selbstversorgers.

Bei meiner Methode des Gärtnerns wird nach der Ernte sofort wieder ausgesät. Auch Saatgut, das normalerweise schon im Frühling gesät wurde. Ich decke alles wieder mit Mulchmaterial ab, und weil es im Sommer heißer ist, wird das Beet nun bei Trockenheit regelmäßig in der Nacht mit Tropfbewässerung bewässert. Das ist sehr wichtig! Die Bewässerung sollte frühestens bei Sonnenuntergang beginnen. Sehr viele Gärten werden immer wieder während des Tages bewässert. Leider hat das einen sehr negativen Effekt für die Pflanzen. Durch die Hitze verdunstet das Wasser, dadurch können Pflanzen sehr leicht verbrennen. Mit der sanften Bewässerungsmethode wird unter anderem auch die benötigte Wassermenge reduziert.

Für die richtige Feuchtigkeit in meinem Garten sorgt auch das gesammelte Regenwasser. Ich habe im Internet ein passendes altes Weinfass gefunden, das ich als dekorativen Sammelbehälter nutze. Es ist nicht nur schön anzusehen, sondern mittlerweile zu einer beliebten Wasserstelle für Insekten geworden. Die gesamte Umgebung des Regenfasses hat sich zu einem richtigen Biotop entwickelt. So werden durch die Feuchtigkeit meiner Wasserstellen auch die Sonnenblumen schneller hoch und werfen Schatten, was wiederum dem Mais zugutekommt. Und der Weinstock neben dem Weinfass hat mehr als die fünfzigfache Menge an Reben getragen als meine beiden anderen Weinstöcke zusammen. Deshalb plane ich die Anschaffung weiterer Weinfässer. In jeder Ecke des Gartens kann ich damit ein Mikroklima erzeugen, das den sie umgebenden Pflanzen guttut.

Aber dabei lasse ich es bestimmt nicht bewenden. Als weitere Wassersammelstelle habe ich eine alte Badewanne erstanden. Hier sollen demnächst zwei Moschusenten schwimmen und mir bei der Schneckenbekämpfung helfen.

Das alles können Sie auch in Ihrem Garten tun. Durch eine Vielfalt an Möglichkeiten kann definitiv ein relativ kleiner Garten für alles sorgen. Wagen Sie Experimente, alles ist möglich! Die Natur kennt keine Grenzen, wenn man sie nur lässt.

Flusskrebssuppe

Zutaten
Für 2 Portionen

Saft von 1 Zitrone
1 Zwiebel
2 Zehen Knoblauch
½ Stange Lauch
1 Bund Petersilie
250 g Flusskrebse, in Lake eingelegt
1 TL Butter
1 Kartoffel
2 TL Suppenwürze (siehe S. 23)
1 Schuss Schlagobers (Schlagrahm)
50 g Walnüsse

Zubereitung

- Krebse abseihen und mit Zitronensaft marinieren.
- Zwiebel würfelig schneiden, Knoblauch pressen und Lauch in Röllchen schneiden. Petersilie fein hacken und einen kleineren Teil für die Garnitur beiseite legen. Zwei Drittel der Flusskrebse klein schneiden. Zwiebel, Knoblauch, Lauch, Petersilie und geschnittene Krebse in Butter anrösten und mit Wasser aufgießen.
- Kartoffel schälen, klein würfelig schneiden und der Suppe beifügen. Mit Suppenwürze abschmecken und so lange köcheln lassen, bis die Kartoffelwürfel weichgekocht sind.
- Suppe pürieren, aufkochen lassen und nochmals abschmecken. Mit Schlagobers verfeinern.
- Das letzte Drittel Flusskrebse in Butter schnell anrösten und als Suppeneinlage servieren.

Tomatencremesuppe

Tomaten können sehr intensiv schmecken, und gekochte Tomaten sind nicht jedermanns Sache. Daher habe ich hier ein Rezept, bei dem durch die Menge der Zwiebel die Tomaten im Geschmack neutralisiert werden können. Jeder, der Tomaten gerne hat, kann das Verhältnis von Tomaten zu Zwiebeln zu Gunsten der Tomaten ändern. Wie fast immer in diesem Buch, sind hier Mengenangaben nach meinem ganz persönlichen Geschmack gewählt.

Zutaten

Für 2 Portionen

4 Zwiebeln
4 Tomaten
3 Zehen Knoblauch
1 TL Butter
2 EL Suppenwürze (siehe S. 23)
ca. 1 TL Paprikapulver (selbst getrocknet)
5 EL Ziegenmilch

Zubereitung

- Zwiebeln und Tomaten in kleine Würfel schneiden, Knoblauch pressen. Butter in einem Suppentopf zerlassen und Zwiebeln, Tomaten sowie Knoblauch darin kurz anrösten. Mit Wasser aufgießen, bis die Zutaten bedeckt sind. Mit Suppenwürze und Paprikapulver abschmecken und so lange köcheln lassen, bis alle Zutaten breiig gekocht sind.
- Die Suppe mit dem Stabmixer pürieren, mit Ziegenmilch strecken und nochmals mit Suppenwürze abschmecken.

TIPP: Zum Verfeinern Schlagobers beimengen. Als Einlage eignen sich in Butter geröstete Brotwürfel.

Bauernsalat

Zutaten

Für 2 Portionen

3 Handvoll Rucola
3 Handvoll Pflücksalat
1 Handvoll Basilikum
2 Tomaten
150 g Fetakäse
3 Jungzwiebeln (Frühlingszwiebeln)
3 EL Oliven
3 EL Olivenöl
1 EL Balsamessig

Zubereitung

- Rucola entstielen, Pflücksalat und Basilikum in Streifen schneiden. Tomaten und Fetakäse klein würfeln, Jungzwiebeln halbieren und zusammen mit den Blättern in eine Salatschüssel geben. Die ganzen Oliven beimengen.
- Mit Olivenöl und Balsamessig abschmecken und sofort servieren.

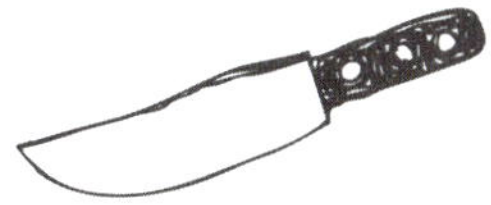

Salat
mit warmem Zucchinidressing

Bei diesem Rezept habe ich versucht, den frischen Salat mit geröstetem Gemüse zu verbinden. Ich halte diese Kombination für sehr reizvoll, und sie mundete bisher allen meinen Gästen. Bei dieser Speise ist die Frische der Salatblätter sehr wichtig. Die „knackigen" Blätter unterstreichen das geröstete Gemüse. Zum ersten Mal habe ich diesen Salat im berühmten Malibu österreichischen und amerikanischen Gästen serviert. Alle waren begeistert und fragten mich nach dem Rezept. Ich hoffe, auch Ihnen gefällt und schmeckt es.

Zutaten

Für 2 Portionen

5 Handvoll verschiedene Blattsalate
2 Tomaten
150 g Fetakäse
1 EL Feigenessig
3 EL Olivenöl

Für das Dressing

1 Zucchini
1 rote Zwiebel
100 g Räucherspeck
1 TL Butter
3 EL Balsamessig
1 EL Ahornsirup

Zubereitung

- Blattsalate waschen und in kleine Stücke reißen. Tomaten halbieren und in Scheiben schneiden, Fetakäse würfeln. Alle Zutaten mit Feigenessig und Olivenöl marinieren.
- Zucchini, Zwiebel und Speck klein würfelig schneiden und in Butter kurz anrösten. Mit Balsamessig und Ahornsirup ablöschen.
- Warmes Dressing über die marinierten Salatblätter geben und sofort servieren.

Flusskrebscocktail

Meine Mutter hat mich schon als junges Mädchen gelehrt, wie man Mayonnaise selbst herstellt. Eine Kunst, die nicht jeder kann. Die selbstgemachte Mayonnaise dient als Basis für Fischsalat und den damals so beliebten „Shrimpscocktail".
Als ich begonnen habe, die Rezepte auf selbstgemachte Zutaten umzustellen, ist mir gerade bei diesem Rezept bewusst geworden, wie intensiv sich der Geschmack verstärkt, wenn man frische Flusskrebse mit der selbstgemachten Mayonnaise zubereitet. Meine Mutter hätte sich gefreut, wenn sie dieses Rezept hätte kosten können!

Zutaten

Für 2 Portionen

5 Flusskrebse, in Salzlake eingelegt
Saft von 1 Zitrone
1 TL Suppenwürze
6 EL Mayonnaise (siehe S. 31)
3 TL Tomatenketchup (siehe S. 26)
1 Birne
2 cl Birnensaft

Zubereitung

- Flusskrebse über Nacht mit Zitronensaft, Suppenwürze und einem Schuss Öl marinieren.
- Mayonnaise wie im Kapitel „Grundrezepte" beschrieben zubereiten.
- Birne in kleine Würfel schneiden. Die marinierten Flusskrebse, und das Ketchup sowie die Birnenstücke mit der Mayonnaise vermengen. Mit Birnensaft abschmecken.
- In Dessertschalen anrichten und servieren.

Brennnesselmousse

Zutaten

Für 2 Portionen

3 Handvoll Brennnesselblätter
4 cm Krenwurzel (Meerrettich)
1 Prise Salz
250 ml Schlagobers (Schlagrahm)

Zubereitung

- Brennnesselblätter waschen, Kren schälen und reißen. Beide Zutaten zusammenmischen, mit dem Mixstab pürieren und salzen.
- Schlagobers schlagen, ein wenig salzen. Pürierte und abgeschmeckte Brennnesselmasse dazu geben und verrühren.
- Im Gefrierfach kühlen.
- Vor dem Servieren über Wasserbad erwärmen und Nockerln ausstechen.

TIPP: Mit gebeiztem Fisch und Preiselbeerkompott servieren.

Alpenlachs gebraten
mit frischen Kräutern

Der Alpenlachs ist erst vor einigen Jahren in Schottland entdeckt worden, obwohl es sich um die ursprünglichste Art handelt. Ein österreichischer Unternehmer hat sich auf die möglichst natürliche Aufzucht dieses Fisches spezialisiert – eine absolute Delikatesse! Die Sorte ist nicht leicht zu bekommen (siehe Bezugsquellen, S. 14ff).
In frisch geernteten Kräutern über Nacht mariniert und anschließend in Butter gebraten, schmeckt der Alpenlachs wie Wildlachs. So ist er auch bestens geeignet, gemeinsam mit anderen heimischen Fischen wie Saibling oder Bachforelle genossen zu werden.

Zutaten
Für 2 Portionen

2 Alpenlachsfilets (ca. à 200 g)
1 Prise Salz
1 TL Butter
10 Mangoldblätter
1 rote Zwiebel
1 Handvoll Estragonkraut
1 Handvoll Thymian
1 Handvoll Basilikum
1 Bund Petersilie
1 Bund Schnittlauch
1 EL Suppenwürze (siehe S. 23)
1 EL Balsamessig
2 EL Olivenöl

Zubereitung

- Alpenlachsfilets einseitig salzen und in Butter anrösten.
- Mangold und Zwiebel klein schneiden, Kräuter hacken, Schnittlauch in Röllchen schneiden und kurz mit dem Fisch mitrösten. Mit Suppenwürze abschmecken, mit Essig und Öl ablöschen.

Butterschnitzel
von Bergsaibling oder Alpenlachs

Zutaten
Für 2 Portionen

300 g Bergsaibling oder Alpenlachs
Saft von 1 Zitrone
150 g Fetakäse
1 Prise Salz
1 Prise Pfeffer
1 EL Suppenwürze (siehe S. 23)
3 Eigelb
250 g Haferflocken
1 TL Butter

Zubereitung

- Fisch mit Zitronensaft beträufeln und mit dem Stabmixer pürieren. Fetakäse klein würfeln.
- Die Masse mit Salz, Pfeffer, Suppenwürze und Fetakäse vermengen. Eigelb unterrühren. Laibchen formen und so lange in Haferflocken tunken, bis sie rundum damit bedeckt sind.
- In Butter braten, abtropfen lassen und heiß servieren.

Spanisches Huhn

Zutaten

Für 2 Personen

3 Hühnerfilets
3 TL Butter
1 Zwiebel
1 Zucchini
1 Tomate
3 EL Oliven, in Öl eingelegt
1 Handvoll Basilikum
1 Handvoll Thymian
3 Zehen Knoblauch
3 TL Kapern (siehe S. 36)
Saft von ½ Zitrone
2 TL Suppenwürze (siehe S. 23)
125 ml Weißwein

Zubereitung

- Backofen auf 180 °C vorheizen.
- Eine Pfanne (ohne Stiel, für den Backofen geeignet) mit Butter einfetten und Hühnerfilets einlegen.
- Zwiebel, Zucchini und Tomate in große Würfe schneiden und dazu geben. Oliven und Kapern sowie die ganzen, geschälten Knoblauchzehen und die Kräuter gleichmäßig über Huhn und Gemüse verteilen. Mit Zitronensaft beträufeln und mit Suppenwürze bestreuen.
- Pfanne in den vorgeheizten Ofen schieben und mindestens 30 Minuten garen lassen. Zwischendurch immer wieder mit der entstehenden Flüssigkeit übergießen. Kurz vor Ende der Bratzeit mit Weißwein ablöschen.
- Mit Petersilienkartoffeln servieren.

TIPP: Statt der Hühnerfilets können Sie auch Fischfilets auf dieselbe Weise zubereiten. Die Garzeit ist dann entsprechend kürzer (ca. 20 Minuten).

Marinierte Steaks

1985 war ich ein Jahr lang in den USA Restaurantmanagerin. Da habe ich gelernt, wie man Steaks zubereitet: vor dem Anbraten nicht salzen und nicht pfeffern! Solange man das Steak bearbeitet, darf das Fleisch nicht angestochen werden. Man brät das Steak an und wendet es. Ob es „rare“ oder „well done“ ist, stellt man fest, indem man das Steak mit einer Gabel an der Oberfläche niederdrückt. Gibt das Fleisch nicht nach, so ist das Fleisch durch, je mehr das Fleisch nachgibt, umso roher ist es innen. Gewürzt wird am Teller.

Zutaten

Für 2 Portionen

2 Rinds- oder Lammsteaks
1 TL Senf (siehe S. 30)
1 TL Suppenwürze (siehe S. 23)
1 Tasse Olivenöl
2 Handvoll Kräuter (Rosmarin, Thymian, Quendel, Majoran)
3 TL Butter
1 Prise Pfeffer
1 Prise Salz

Zubereitung

- Steaks mit Senf und Suppenwürze einreiben. Kräuter fein hacken und mit dem Öl vermengen. Die Steaks in der Marinade mindestens 3 Stunden ziehen lassen.
- Das Fleisch aus der Marinade heben, abtropfen lassen und in die heiße Butter legen. Noch nicht würzen! Nach kurzer Zeit wenden.
- Je nachdem, wie Sie Ihr Steak gern genießen wollen, machen Sie die oben erwähnte Gabelprobe. Danach richtet sich die Garzeit.

TIPP: Dazu passen am besten Rosmarinkartoffeln (siehe S. 107) und Bauernsalat (siehe S. 72)

Gemüseallerlei
mit Kichererbsen

Hier verwende ich alle verfügbaren reifen Gemüsesorten. Da in meiner Küche alles schnell und praktisch abläuft, werden alle Zutaten gleichzeitig in der Pfanne angeröstet. Genau das macht die Geschmacksintensität aus. In der Kombination mit Kichererbsen ist diese Speise das ideale Diätgericht, geschmacklich einwandfrei und macht satt.
Und vor allem kann man saisonal so schön variieren! Ich ertappe mich sehr oft dabei, noch im Garten stehend, mir eine weitere Kombination einfallen zu lassen.

Zutaten
Für 2 Portionen

1 Tomate
1 Zucchini
½ Melanzani
½ Karotte
3 Jungzwiebeln (Frühlingszwiebeln)
1 TL Butter
1 Dose Kichererbsen
150 g Fetakäse
1 Handvoll Basilikum
2 TL Kapuzinerkressepaste (siehe S. 29)
Saft von ½ Zitrone
2 Schuss Borretschblütensirup (siehe S. 41)

Zubereitung

- Tomate, Zucchini, Melanzani, Karotte und Zwiebeln klein würfelig schneiden.
- Butter in einer Pfanne zerlassen und Gemüsewürfel darin kurz anrösten.
- Kichererbsen abtropfen lassen, mit Wasser spülen und gemeinsam mit dem Gemüse weichdünsten.
- Fetakäse in kleine Würfel, Basilikum in Streifen schneiden. Kapuzinerkressepaste mit Zitronensaft und Sirup abschmecken. Basilikum zugeben, Käse mit der Paste mischen und über dem Gemüseallerlei anrichten. Heiß servieren.

Gebratene Brennnesselblätter mit Käselaibchen

Zutaten

Für 2 Portionen

5 Handvoll Brennnesselblätter
1 Prise Salz
3 TL Butter

Für die Käselaibchen
150 g geriebener Bergkäse
250 g Topfen (Frischkäse)
1 Handvoll verschiedene Kräuter
1 Ei
1 Prise Salz
1 EL Butter
250 g Polenta
1 EL Suppenwürze (siehe S. 23)

Zubereitung

- Bergkäse und Topfen mischen, Kräuter hacken und unter den Käse rühren. Ei dazugeben und mit Salz und Suppenwürze abschmecken.
- Die Masse zu Laibchen formen und in Polenta wälzen. Laibchen in Butter braten.
- Parallel dazu Brennnesselblätter putzen, salzen und in Butter knusprig braten.
- Gemeinsam servieren.

Brennnesseln kennen keine Saison. Vom Frühling bis in den späten Herbst kann dieses Wildkraut geerntet werden. Es ist nicht nur geschmacklich sehr intensiv, sondern auch eine sehr wichtige Heilpflanze. Sie wirkt stark blutreinigend, hat eine stärkende Wirkung auf das Immunsystem und beruhigt den Darm. Vielen Gärtnern ist diese so wertvolle, gesunde und geschmackvolle Pflanze immer noch ein Dorn im Auge, weil ihre Tendenz, sich stark auszubreiten freilich an „Unkraut" erinnert, das entfernt werden muss.

Folienkartoffeln mit Kräutersoße

Zutaten

Für 2 Portionen

2 Kartoffeln
250 ml Sauerrahm
125 ml Joghurt
1 Bund Petersilie
1 kleiner Bund Rosmarin
1 Handvoll Brunnenkresse
2 Zehen Knoblauch
1 Bund Schnittlauch
2 EL Suppenwürze (siehe S. 23)

Zubereitung

- Kartoffeln halbdurch kochen. Aus dem Wasser nehmen, ein wenig auskühlen lassen, in Alufolie packen und am besten in die Glut eines Grillfeuers oder in den vorgeheizten Backofen legen (220 °C).
- Sauerrahm und Joghurt mischen. Kräuter und Knoblauch fein hacken, Schnittlauch in feine Röllchen schneiden und unter die Soße rühren. Mit Suppenwürze abschmecken.
- Folienkartoffeln aus der Glut nehmen, sobald sie beim Anstechen weich sind. Auf Tellern anrichten und mit einem Schnitt öffnen. Schnitt auseinander drücken, in diesen Spalt die Kräutersoße anrichten und sofort servieren.

Melanzani-Zucchinigemüse

Diese Speise eignet sich besonders für Grillfeste. Je frischer das Gemüse, desto besser. Ein Rezept, das durch Zufall entstanden ist und von meinen Gästen seither für jedes Grillfest bestellt wird.

Zutaten

Für 2 Portionen

1 Zucchini
½ Melanzani
2 Zehen Knoblauch
2 Jungzwiebeln (Frühlingszwiebeln)
3 EL Olivenöl
Saft von 1 Zitrone
1 EL Suppenwürze (siehe S. 23)
1 Handvoll Basilikumblätter
1 EL Balsamessig
1 TL Butter
1 Schuss Ahornsirup

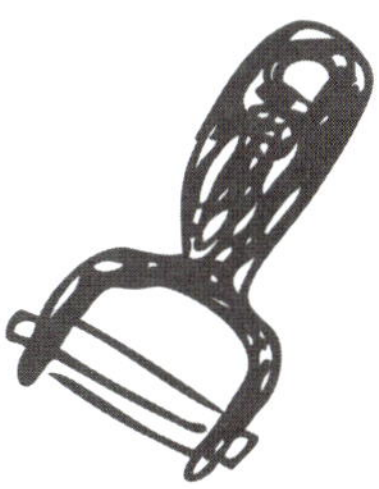

Zubereitung

- Zucchini, Melanzani und Knoblauch in Scheiben schneiden. Jungzwiebeln der Länge nach vierteln.
- Terrine mit Olivenöl grundieren. Eine Lage Melanzani einlegen. Mit Zitronensaft beträufeln und mit Suppenwürze bestreuen. Nun eine Lage Zucchini darüber schichten und mit Basilikumblättern sowie Zwiebelstreifen belegen. Mit Suppenwürze, Olivenöl und Balsamessig marinieren. Diesen Ablauf so lange wiederholen, bis das Gefäß gefüllt ist. Als Abschluss empfiehlt es sich, Zucchinischeiben zu legen.
- Mindestens 1 Stunde ziehen lassen.
- Butter in einer Pfanne zerlassen, das Gemüse kurz anrösten, mit Balsamessig, Olivenöl und Ahornsirup ablöschen und zugedeckt dünsten lassen, bis alle Bestandteile weich sind.
- Als Beilage warm oder kalt als Salat mit einem Dressing servieren.

TIPP: Zur Vorratshaltung ist das Gemüse in Olivenöl eingelegt einige Monate haltbar.

Rucolasalat mit Erdbeeren

Zutaten

Für 2 Portionen

5 Handvoll Rucolablätter
1 Jungzwiebel
125 g Ziegenkäse
1 Becher Erdbeeren
5 Blätter Basilikum
1 Bund Schnittlauch
1 EL Balsamessig
3 EL Zitronenöl

Zubereitung

- Rucola in kleine Stücke reißen, Jungzwiebel in ganz dünne Scheiben schneiden und Ziegenkäse in kleine Teile brechen. Alles in eine Salatschüssel geben.
- Die kleineren Erdbeeren für die Garnitur zurücklegen. Die restlichen Beeren in kleine Stücke schneiden und ebenfalls dazugeben.
- Basilikum klein hacken, Schnittlauch in Röllchen schneiden. Gemeinsam mit Essig und Öl unter den Salat mengen. Gut abmischen und abschmecken.
- Den angerichteten Salat mit den kleineren Erdbeeren garniert servieren.

Gurkensalat

Zutaten
Für 2 Portionen

1 Gurke
1 Prise Salz
1 EL Essig
3 EL Öl
3 EL Sauerrahm
1 Prise Pfeffer
1 Zehe Knoblauch
1 Prise Paprikapulver, selbst getrocknet

Zubereitung

- Gurken raspeln, salzen und mindestens eine Stunde ziehen lassen.
- Gurkensaft abseihen. Aus Essig, Öl, Sauerrahm und dem zerdrückten Knoblauch ein Dressing bereiten, mit Salz und Pfeffer abschmecken.
- Mit Paprika bestreut servieren.

Tomatensalat

Zutaten
Für 2 Portionen

3 Tomaten
1 Paprikaschote
3 Jungzwiebeln (Frühlingszwiebeln)

Für das Dressing:
1 TL Senf (siehe S. 30)
3 EL Olivenöl
1 EL Balsamessig
1 Prise Salz
Pfeffer
1 Handvoll Basilikumblätter

Zubereitung

- Tomaten, Paprika und Zwiebeln in grobe Würfel schneiden.
- Aus Senf, Olivenöl und Balsamessig ein Dressing bereiten und mit Salz und Pfeffer abschmecken.
- Basilikumblätter in Streifen schneiden, über den Salat verteilen und servieren.

Becherkuchen

mit Ribiseln (Johannisbeeren)

Leider bin ich eine sehr schlechte Kuchenbäckerin und zwar deshalb, weil ich immer sehr flott und ohne viele Umstände koche. Auf diese Weise sind sämtliche Kuchenrezepte mit komplizierten Abfolgen für mich undurchführbar geworden. Die einzige Möglichkeit, Ihnen hier ein taugliches und erprobtes Kuchenrezept zu präsentieren, ist daher ein Becherkuchen.

Zutaten

Für 1 Backblech

4 ganze Eier
1 Becher brauner Zucker
1 Becher Mehl
1 Packung Backpulver
1 Prise Salz
3 EL Öl
6 Eiweiß
200 g brauner Zucker
1 Packung Vanillezucker
500 g Ribisel (Johannisbeeren)

Zubereitung

- Backofen auf 180 °C vorheizen.
- Die ganzen Eier mit dem Zucker schaumig rühren, Mehl mit Backpulver und Salz gut durchmischen und unter die Eimasse rühren. Öl untermischen.
- Masse auf ein gefettetes Backblech auftragen und im vorgeheizten Backofen goldgelb backen.
- Inzwischen Eiweiß, braunen Zucker, Vanillezucker und eine Prise Salz zu Schnee schlagen.
- Ribisel waschen, entstielen und unter den Schnee heben. Die Ribisel-Schnee-Masse auf den vorgebackenen Kuchenboden auftragen und in ca. 10 Minuten fertig backen.

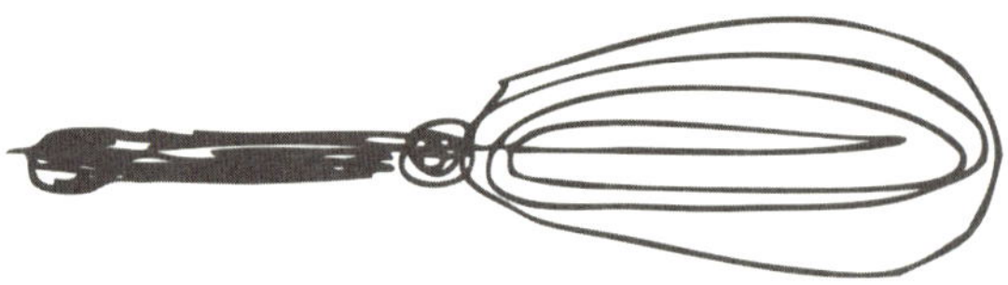

Heidelbeer- und Stachelbeermus
mit Joghurtcreme

Zutaten
Für 2 Portionen

250 ml Schlagobers (Schlagrahm)
2 EL Staubzucker
250 ml Joghurt
3 EL Sauerrahm
3 Handvoll Heidelbeeren (Blaubeeren)
3 Handvoll Stachelbeeren
Saft von ½ Zitrone
1 Schuss Ahornsirup

Zubereitung

- Schlagobers mit Staubzucker aufschlagen.
- Joghurt und Sauerrahm unterheben.
- Jeweils Heidelbeeren und Stachelbeeren separat pürieren. In das Heidelbeerpüree einen Schuss Zitronensaft und in das Stachelbeerpüree einen Schuss Ahornsirup mengen.
- Die Joghurtcreme in Dessertschalen füllen, mit Heidelbeer- und Stachelbeermus anrichten und servieren.

Fruchtsalat

Zutaten

Für 2 Portionen

1 Apfel
1 Melone
3 Pflaumen
2 Marillen (Aprikosen)
1 Birne
1 Handvoll Ribisel (Johannisbeeren)
1 Handvoll Heidelbeeren (Blaubeeren)
1 Handvoll Rosinen (siehe S. 42)
Saft von 1 Zitrone
1 EL brauner Zucker
1 Schuss selbstgebrannter Schnaps

Zubereitung

- Alle Früchte in kleine Würfel schneiden. Beeren und Rosinen dazu geben, mit Zitronensaft, Zucker und Schnaps ansetzen und über Nacht ziehen lassen. In Dessertschalen anrichten.

TIPP: Schmeckt besonders gut zu Vanilleeis.

Veganes Himbeereis

Zutaten

Für 2 Portionen

2 Tassen Himbeeren
2 Bananen
Ahornsirup

Zubereitung

- Himbeeren und in Scheiben geschnittene Bananen einfrieren.
- Die gefrorenen Früchte so lange im Mixer pürieren, bis eine Eiscreme entsteht. Ahornsirup beimengen und nochmals aufmixen.
- Sofort servieren.

Kalte Ente

Zutaten
Für 4 Portionen

3 Zitronen
1 l Weißwein
750 ml Sekt

Zubereitung

- Zitronen in Scheiben schneiden und in Weißwein ansetzen (mindestens 3 Stunden) .
- Beim Eintreffen der Gäste mit Sekt aufgießen.

TIPP: Mit Eiswürfeln ist das Getränk erfrischender als die spritzigste Bowle!

Beerenbowle

Zutaten
Für 2 Portionen

125 g Erdbeeren
125 g Heidelbeeren
125 g Himbeeren
3 EL brauner Zucker
750 ml Weißwein
20 cl hochprozentiger Schnaps
750 ml Sekt

Zubereitung

- Beeren mit Zucker, Weißwein und Schnaps mindestens 5 Stunden gekühlt ansetzen.
- Beim eintreffen der Gäste mit gekühltem Sekt aufgießen.

HERBST

Eingelegt und eingekocht

Der Herbst ist die arbeitsreichste Zeit für Gärtner und Köche. Aber wem sage ich das! Jeder, der sein eigenes Gemüse zieht und dann auch noch verwertet, weiß sehr gut, was es alles zu tun gibt. Zuerst muss geerntet, dann geputzt, geschnitten, eingekocht, eingefüllt und gelagert werden.
Gott sei Dank gibt es wieder mehr Menschen, die mit Freude der Ernte aus ihren Gärten entgegensehen und bereit sind, daraus wunderbare Köstlichkeiten zu kreieren. Ob Marmelade, Säfte, Chutneys, eingelegtes Gemüse oder getrocknete Früchte: Das alles sind wichtige Bestandteile einer nachhaltigen Vorratshaltung. Erfreulich ist, wie bereits erwähnt, dass viele ihr Wissen weitergeben und so andere dazu bringen, ihre Produkte selbst zu verwerten. Auch ich halte mich stets an den Grundsatz: Man kann nie zu viel Vorrat haben!
Heuer war mein Garten das erste Mal so produktiv, dass die Ernte wirklich zur Selbstversorgung ausgereicht hätte. Leider war ich durch eine Verletzung nicht fähig, die herbstlichen Aktivitäten in meinem Garten allein zu bewältigen. In meiner Not lud ich Freunde ein, die mir halfen. Da nicht jeder mit meiner Weise zu gärtnern vertraut war, habe ich einen kleinen Workshop mit der Ernte verbunden. Jeder meiner Helfer konnte etwas mit nach Hause nehmen. Ich habe am Abend von allen eine SMS bekommen, die mir von der Begeisterung kundtat, wie gut es allen geschmeckt hat. Ein voller Erfolg!
Außerdem wollen nun alle Helfer den Garten so schnell wie möglich umrüsten. Beim nächsten Erntedurchgang wurde ein Grillabend angehängt, ein köstliches Mahl zubereitet und mit Freude verzehrt. Ich empfehle allen Gartenbesitzern, Freunde zum Mithelfen einzuladen. Es macht viel mehr Spaß, gemeinsam zu ernten und zu teilen, und man kann sich austauschen und sich wirklich gegenseitig unterstützen.
Seit ich begonnen habe, meine Ernte zu verwerten und zu veredeln, entdecke ich auch hier viele weitere Möglichkeiten der Vorratshaltung. Allein all die Säfte und Sirupe, die man aus Blüten, Beeren und Früchten herstellen kann, spornen mich zu mehr Kreativität an. Für das nächste Jahr sind in meinem Garten auch hier Verbesserungen geplant. So möchte ich mir eine Solartrockenanlage nach einfachen Vorlagen bauen (siehe „Jedem sein Grün!"). Damit kann ich dann Früchte und Beeren besser lagern, die auch getrocknet vitaminreich sind.
Aber nicht nur im Garten kann ich auf Vorrat ernten, auch in Wald und Flur gibt es so einiges zu sammeln. War der Sommer feucht, so gibt es im Herbst ein großes Pilzangebot. Pilze und Schwämme können vielseitig verwertet werden. Eingelegt in Öl, getrocknet oder aber – frisch gepflückt – als Köstlichkeit geröstet oder gebacken.

Salbeicremesuppe

Zutaten

Für 2 Portionen

1 Zwiebel
2 Kartoffeln
½ Stange Lauch
1 TL Butter
2 Handvoll Salbeiblätter
2 EL Suppenwürze (siehe S. 23)
1 Schuss Schlagobers (Schlagrahm)

Zubereitung

- Zwiebel und Kartoffeln in kleine Würfel, Lauch in Röllchen schneiden. Butter in einer Pfanne zerlassen, die Gemüsewürfel darin kurz anrösten, ein Drittel der Salbeiblätter mitrösten, mit Wasser aufgießen und mit Suppenwürze abschmecken. 15 Minuten kochen lassen.
- Am Ende der Garzeit Salbeiblätter aus der Suppe entfernen.
- Suppe pürieren, danach das zweite Drittel der Salbeiblätter in die Suppe geben. Aufkochen lassen, abschmecken und mit Sahne aufgießen.
- Die restlichen Salbeiblätter in Butter knusprig braten. Die Suppe in Tellern anrichten und mit gebratenen Salbeiblättern garniert servieren.

Judiths Fischsuppe

Diese Suppe ist legendär. Meine Freunde sind sehr oft nach dem Reitstall durchfroren zu mir gekommen. Um schnell etwas Warmes auf den Tisch zu bringen, habe ich eines Tages alle unten angeführten Zutaten in einen Topf geworfen und aufgekocht. Es war zwar nie ein Fisch bei den Zutaten, aber um dem Ding einen Namen zu geben, wurde die Suppe „Judiths Fischsuppe" getauft.

Zutaten

Für 2 Portionen

1 Zwiebel
½ Zucchini
2 Zehen Knoblauch
1 TL Butter
1 Handvoll Flusskrebse, in Lake eingelegt
2 TL Suppenwürze (siehe S. 23)
3 EL cremiger Ziegenkäse
2 EL Tomatenketchup (siehe S. 23)

Zubereitung

- Zwiebel, Zucchini und Knoblauch in kleine Würfel schneiden. Butter in einem Suppentopf zerlassen und das Gemüse gemeinsam mit den Flusskrebsen kurz darin anrösten. Mit Wasser aufgießen und mit Suppenwürze abschmecken.
- Ziegenkäse und Tomatenketchup beimengen und alles ca. 10 Minuten leicht wallend kochen lassen.
- Heiß servieren.

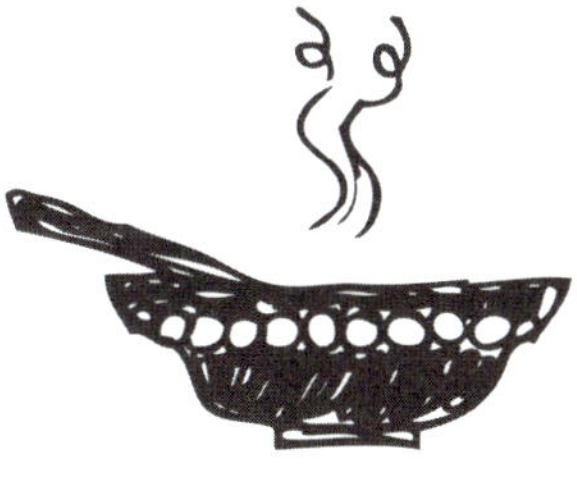

Selleriecremesuppe

Die Basis aller meiner Cremesuppen sind Kartoffeln. Sie werden mit den Zutaten der jeweiligen Suppe weichgekocht und püriert. Damit erspare ich mir das Mehl zum Eindicken.
Verfeinert wird eine solche Suppe je nach Geschmack mit Schlagobers oder cremigem Ziegenkäse. Mit Kartoffeln und Schlagobers wird jede Cremesuppe zu einer Delikatesse!

Zutaten

Für 2 Portionen

1 Sellerieknolle
2 Kartoffeln
1 TL Butter
2 EL Suppenwürze (siehe S. 23)
1 Prise Muskatnuss
1 Schuss Schlagobers (Schlagrahm)
1 Handvoll Sauerampferblätter
1 Prise Salz
1 TL Butter

Zubereitung

- Sellerie und Kartoffeln in kleine Würfel schneiden. Butter in einem Suppentopf zerlassen, Gemüse darin kurz anrösten und mit Wasser aufgießen.
- Mit Suppenwürze und geriebener Muskatnuss abschmecken. So lange köcheln lassen, bis alle Bestandteile weichgekocht sind. Mit einem Stabmixer pürieren, aufkochen lassen und mit Schlagobers strecken.
- Sauerampferblätter einsalzen und in Butter knusprig rösten.
- Suppe in Tellern anrichten und mit gerösteten Sauerampferblättern garniert servieren.

Kartoffelsuppe

Zutaten
Für 2 Portionen

3 Kartoffeln
2 Zwiebeln
½ Sellerieknolle
1 Paar Frankfurter (Wiener) Würstel
1 Bund Petersilie
½ Stange Lauch
1 TL Butter
2 EL Suppenwürze
1 Prise Muskatnuss
3 EL Sauerrahm
1 Prise schwarzer Pfeffer

Zubereitung

- Kartoffeln, Zwiebeln, Sellerie und Würstel in kleine Würfel schneiden.
- Petersilie fein hacken, Lauch in Röllchen schneiden. Alles in Butter anrösten und mit Wasser aufgießen. Aufkochen lassen und mit Suppenwürze und Muskatnuss abschmecken. Weiter köcheln lassen, bis alle Gemüsebestandteile weich gekocht sind. Nochmals abschmecken.
- Zum Abschluss mit Sauerrahm noch etwas binden und mit geriebenem schwarzen Pfeffer im Geschmack abrunden.

Kapuzinerkressesuppe

Zutaten

Für 2 Portionen

1 Zwiebel
2 Kartoffeln
3 Handvoll Kapuzinerkresse
1 TL Butter
150 g Fetakäse
2 EL Suppenwürze (siehe S. 23)
1 Schuss Schlagobers (Schlagrahm)

Zubereitung

- Zwiebel und Kartoffeln schälen, in kleine Würfel schneiden und zusammen mit der Kapuzinerkresse in Butter anrösten.
- Mit Wasser aufgießen, aufkochen und leicht wallend kochen lassen, bis die Kartoffeln weichgekocht sind. Suppe mit dem Stabmixer pürieren.
- Fetakäse in kleine Würfel schneiden, zur Suppe geben, kurz aufkochen lassen und mit Suppenwürze abschmecken.
- Im kochenden Zustand mit Schlagobers abrunden und heiß servieren.

Die Kapuzinerkresse ist vielseitig einsetzbar und als ich sie für mich entdeckte, lag ein sehr schweres Jahr im Garten hinter mir. Durch einen sehr milden Winter und viel Regen kam es zu einer unbeschreiblichen Schneckenplage. Es gibt nur wenige Pflanzen, die diese Weichtieren meiden, darunter Mangold oder Rucola und eben die Kapuzinerkresse – man muss sie einfach probieren.

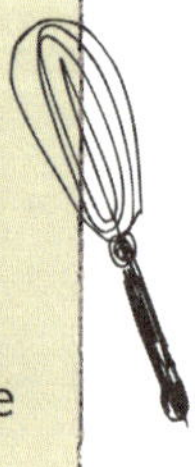

Kürbiscremesuppe

Im Herbst findet man auf nahezu jeder Speisekarte Kürbiscremesuppe. Die Suppen sind teilweise traumhaft gut und dann wieder sehr gewöhnlich. Meine Variante ist sehr einfach, was mir aber hier wichtig ist, Gegensätze zusätzlich zum bekannten Kürbisgeschmack zu servieren. Durch süß & sauer kommt der Kürbisgeschmack noch besser zur Geltung.

Zutaten

Für 2 Portionen

1 rote Zwiebel
½ Kürbis
1 TL Butter
2 EL Suppenwürze (siehe S. 23)
Schlagobers (Schlagrahm) nach Bedarf
1 Schuss Kernöl
1 Schuss Balsamessig
1 TL Preiselbeerkompott

Zubereitung

- Zwiebel und Kürbis in grobe Würfel schneiden.
- Butter in einem Suppentopf zerlassen, Zwiebel und Kürbis darin kurz anrösten und mit Wasser aufgießen. Mit Suppenwürze würzen und so lange kochen lassen, bis das Gemüse weich ist.
- Schlagobers zufügen, mit dem Stabmixer pürieren und aufschäumen.
- In vorgewärmten Suppentellern anrichten und mit einem Schuss Kernöl und Essig verfeinern. Mit Preiselbeerkompott garniert servieren.

Rebhühner im Speckmantel

Vor Kurzem habe ich den Jagdschein gemacht, denn ich wollte mehr über das heimische Wild wissen, hatte ich doch viel zu wenig Erfahrung, was die Zubereitung von Wild betrifft. Kochrezepte haben wir bei der Jagdprüfung zwar keine ausgetauscht, aber ich habe sehr viel Neues gelernt. Mit diesem Hintergrundwissen habe ich mir das nachstehende Rezept ausgedacht.

Zutaten

Für 2 Portionen

2 Rebhühner
1 Handvoll verschiedene Kräuter
4 Dörrpflaumen
1 Prise Salz
1 Prise Pfeffer
1 TL Senf (siehe S. 30)
2 Speckscheiben
1 EL Butter
1 Schuss Rotwein
1 Schuss Schlagobers (Schlagrahm)

Zubereitung

- Die Rebhühner putzen, Innereien entfernen. Kräuter fein hacken und mit den Dörrpflaumen mischen, die Rebhühner damit füllen, Bauch vernähen. Rebhühner mit Salz, Pfeffer und Senf einreiben. Anschließend mit Speck umwickeln und die Scheiben mit einem Zahnstocher fixieren.
- Backofen auf 200 °C vorheizen
- Butter in einer feuerfesten Form zerlassen, Rebhühner darin anbraten. Mit Rotwein ablöschen und im vorgeheizten Backofen ca. 20 Minuten braten, dabei regelmäßig mit Saft übergießen.
- Die Hühner tranchieren und auf Tellern anrichten. Den Bratensaft mit Schlagobers strecken und dazu reichen.

TIPP: Servieren Sie zu den Rebhühnern am besten Bratkartoffeln und Krautsalat.

Gefüllte Mangoldblätter

Zutaten

Für 2 Portionen

2 Scheiben getrocknetes Brot (siehe S. 48)
1 Tasse Milch
1 EL Suppenwürze (siehe S. 23)
2 EL Sauerrahm
10 Mangoldblätter
500 g Faschiertes (Hackfleisch)
1 Prise Salz
1 Prise Pfeffer
1 Prise Muskatnuss
1 TL Senf (siehe S. 30)
3 Eigelb
1 Zwiebel

Zubereitung

- Brot in Milch einweichen.
- Aus Suppenwürze und Wasser eine Suppe herstellen. Mit Sauerrahm abrunden.
- Mangoldblätter in Salzwasser kurz abbrühen und mit kaltem Wasser abschrecken.
- Faschiertes mit Salz, Pfeffer, geriebener Muskatnuss und Senf würzen, Eigelb dazugeben. Die eingeweichten Brotscheiben ausdrücken und mit dem Faschierten gut durcharbeiten.
- Backofen auf 180 °C vorheizen.
- Nun die Mangoldblätter auflegen, die Stiele ausschneiden, Faschiertes in Nockerlform pressen, auf die Mangoldblätter legen und mit diesen umwickeln.
- Eine feuerfeste Form mit Butter ausfetten. Gefüllte Blätter nebeneinander einlegen. Zwiebel grob würfeln und dazugeben. Im Backofen ca. 20 Minuten garen lassen, dabei immer wieder mit der angerührten Suppe übergießen.
- Die Wickler auf vorgewärmten Tellern anrichten, die Bratensoße dazu servieren.

TIPP: Dazu passen am besten Kartoffeln und Salat.

Wildsteak
mit Gelben Rüben

Für Wild ist die Beize das Basisgewürz. Wird das Fleisch nicht mariniert, kann der Eigengeschmack zu intensiv werden, der für viele der Grund ist, das Fleisch abzulehnen. Dabei ist das Wildfleisch eines der gesündesten, weil natürlich genährten, Fleischsorten.

Zutaten
Für 2 Portionen

2 Wildsteaks
1 EL Butter

Für die Marinade
1 Orange
1 Apfel
10 Wacholderbeeren
4 Lorbeerblätter
250 ml Rotwein
1 TL Senf (siehe S. 30)
2 EL Suppenwürze (siehe S. 23)
1 Schuss Schlagobers (Schlagrahm)
1 Schuss Birkensirup (siehe S. 42)

Zubereitung

- Für die Marinade Orange schälen und ebenso wie den ungeschälten Apfel in kleine Würfel schneiden. Gemeinsam mit Wacholderbeeren und Lorbeerblättern in den Rotwein geben. Mit Senf und Suppenwürze abschmecken.
- Steaks in die Marinade einlegen und mindestens 3 Stunden ziehen lassen.
- Steaks aus der Marinade heben, abtropfen lassen und in Butter abbraten.
- Marinade abseihen und aufkochen lassen. Mit Schlagobers, Birkensirup und Suppenwürze abrunden.
- Die gebratenen Steaks mit der Soße ablöschen und kurz einkochen lassen. Sofort servieren.

Ente in Birnen-Zwetschken-Mus

Zutaten

Für 2 Portionen

Für die Soße

4 Zwetschken
2 Birnen
2 EL brauner Zucker
1 Zwiebel
1 Handvoll Minzeblätter
1 Schuss Birnenschnaps

Für die Ente

2 EL Suppenwürze (siehe S. 23)
1 Zwiebel
3 Zwetschken
1 Birne
1 Ente
1 EL Suppenwürze (siehe S. 23)
1 TL Senf (siehe S. 30)
125 ml Bier
1 Prise Salz

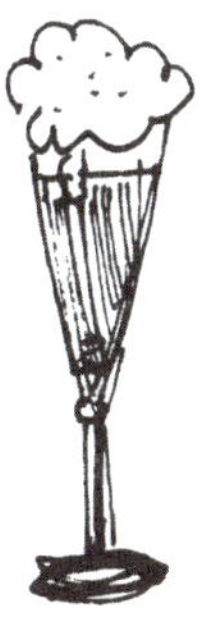

Zubereitung

- Für die Soße Zwetschken entsteinen, Birnen putzen, klein würfeln und in einem Kochtopf anwärmen. Zucker, kleingeschnittene Zwiebel, Minzeblätter und Wasser dazugeben und alles aufkochen lassen. Nun einen Schuss Schnaps dazu geben und mindestens 1 Stunde köcheln lassen, dann pürieren.
- Für die Ente Suppenwürze mit Wasser aufkochen und zum Übergießen der Ente beiseite stellen.
- Backofen auf 180 °C vorheizen.
- Zwiebel schälen, Zwetschken entsteinen, Birne putzen und alles grob würfeln. Die Ente mit Zwiebel- und Birnenwürfeln sowie den Zwetschken füllen, Bauch zunähen. Ente mit Suppenwürze und Senf einreiben.
- Ein Backblech einfetten, Ente auf das Blech legen und in den Backofen schieben. Regelmäßig abwechselnd mit dem vorbereiteten Mus und der Suppe übergießen. Die Ente braucht pro Kilo eine Stunde Bratzeit.
- 10 Minuten vor dem Ende der Garzeit Ente mit einem Schuss Bier übergießen.
- Die fertige Ente tranchieren, anrichten und mit dem Zwetschken-Birnen-Mus servieren.

Überbackene Bohnen

Zutaten

Für 2 Portionen

1 Tasse Bohnen
1 Zwiebel
2 Zehen Knoblauch
1 kleine Karotte
3 Blätter Mangold
1 Handvoll verschiedene Kräuter
4 Eier
3 EL Sauerrahm
1 EL Suppenwürze (siehe S. 23)
Salz & Pfeffer
150 g Käse nach Belieben

Zubereitung

- Bohnen 24 Stunden in Salzwasser einweichen, Wasser abgießen. Bohnen in kaltem Wasser zustellen und mindestens 1 Stunde kochen lassen.
- Zwiebel, Knoblauch, Karotte und Mangold klein schneiden. Kräuter fein hacken und alles gut durchmischen.
- Backofen auf 180 °C vorheizen.
- Eine ofenfeste Form mit Butter einfetten, mit Gemüse und Kräutern füllen, darüber die weichgekochten Bohnen verteilen.
- Eier, Sauerrahm und Suppenwürze verquirlen, mit Salz und Pfeffer abschmecken und über die Gemüsemischung leeren. Mit Käsestücken belegen und ca. 20 Minuten im vorgeheiztem Backofen garen.

Frische Blätter
im Polentamantel

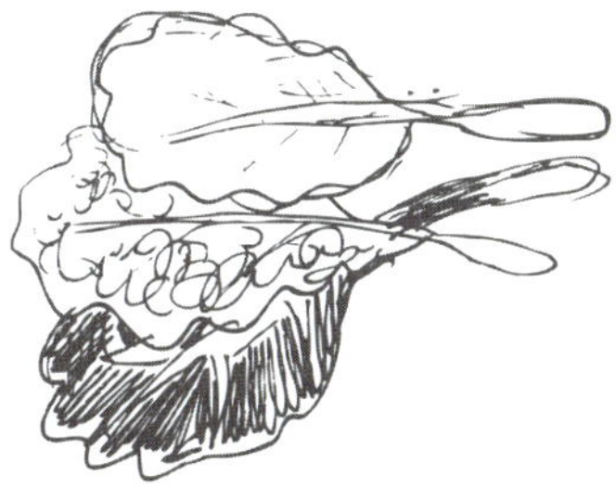

Früher habe ich mir nicht vorstellen können, welche Schätze Blätter sein können. Ob Blätter der Kapuzinerkresse, von Kürbissen, Mangold oder von der Malve. Alles Zutaten für Spinat, Salat oder zum Wickeln und dann braten. Jedes Blatt hat seinen eigenen Geschmack und jeweils seinen spezifischen Nährwert. Das folgende Rezept soll Sie darauf einstimmen, all diese Geschmacksrichtungen zu testen.

Zutaten
Für 2 Portionen

Für die Füllung

250 g Maisgrieß
1 Prise Salz
Pfeffer
1 Handvoll verschiedene Kräuter
1 Zwiebel
3 Zehen Knoblauch
1 TL Butter

Für den Polentamantel

10 Verschiedene Blätter
(Kürbis, Brunnenkresse, etc..)
2 Eier
250 g Maisgrieß
2 EL Butter

Zubereitung

- Grieß salzen, Kräuter hacken, Zwiebel klein würfeln und alles in Butter anrösten. Mit Wasser aufgießen und so lange unter Rühren köcheln lassen, bis das Wasser fast gänzlich verdunstet ist.
- Blätter auflegen, aus der Masse Nockerln formen, auf die Blätter legen und gut umwickeln. Die Eier verquirlen, gefüllte Blätter darin durchziehen und in Grieß wälzen.
- Die panierten Blätter in Butter herausbacken.

TIPP: Dazu passen am besten selbstgemachtes Tomatenketchup (siehe S. 30) und geröstetes Gemüse.

Eierschwammerlsoße (Pfifferlinge)

ZUTATEN

Für 4 Portionen

500 g Eierschwammerln (Pfifferlinge)
1 Zwiebel
1 TL Butter
1 Bund Petersilie
1 EL Suppenwürze (siehe S. 23)
250 ml Schlagobers (Schlagrahm)
1 Bund Schnittlauch

Zubereitung

- Schwammerln putzen und in Stücke schneiden.
- Zwiebel fein hacken und gemeinsam mit den Schwammerln in Butter anrösten.
- Fein gehackte Petersilie beimengen. Mit Suppenwürze abschmecken und mit Obers ablöschen.
- Mit Schnittlauchröllchen garniert servieren.

TIPP: Dazu passt am besten der Böhmische Knödel (siehe S. 127).

Gebratene Steinpilze

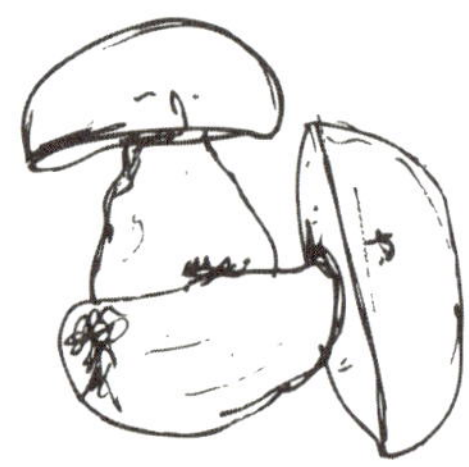

ZUTATEN

Für 4 Portionen

500 g Steinpilze
Saft von 1 Zitrone
Salz & Pfeffer
1 Bund Petersilie
1 Bund Rosmarin
1 Bund Thymian
1 TL Butter
1 Bund Schnittlauch

Zubereitung

- Pilze putzen und in längliche Scheiben schneiden. Mit Zitronensaft, Salz und Pfeffer marinieren. Kräuter fein hacken.
- Alle Zutaten in Butter anrösten. Mit fein geschnittenem Schnittlauch bestreut servieren.

TIPP: Als Hauptspeise reicht die Menge für 2 Portionen!

Gelbe Rüben

Zutaten
Für 2 Portionen

3 Gelbe Rüben
1 Zwiebel
1 EL Butter
1 EL Suppenwürze (siehe S. 23)

Zubereitung

- Rüben in Streifen und Zwiebel in Ringe schneiden.
- Butter in einer Pfanne zerlassen und Gemüse darin anrösten. Mit Suppenwürze abschmecken.

Gebratene Fisolen in Zwetschkensoße

Zutaten
Für 2 Portionen

300 g Fisolen (grüne Bohnen)
1 Zwiebel
100 g Räucherspeck
1 EL Butter
1 Prise Salz
1 Schuss Zwetschkensaft
(vom Hollerröster, siehe S. 110)
1 Schuss Borretschblütensirup (siehe S. 41)

Zubereitung

- Fisolen putzen, dabei beide Enden abschneiden, je nach Sorte Faden mitziehen und in zwei Stücke brechen.
- Zwiebel und Speck in kleine Würfel schneiden, in Butter kurz anrösten und Fisolen mitrösten.
- Salzen und mit Zwetschkensaft und Borretschsirup ablöschen.

Kartoffelpuffer
aus rohen Kartoffeln

Die Kartoffel galt stets als Grundnahrungsmittel für einfach Leute. Heute ist sie viel zu wenig beachtet. Dabei kann man daraus wundervolle Speisen zaubern. Doch sollte man eigene Kartoffeln ziehen. Erst wenn man die ersten eigenen Kartoffeln gegessen hat, erkennt man den Unterschied zu den gekauften.

Zutaten
Für 2 Portionen

6 Kartoffeln
2 Eier
1 Prise Salz
1 Prise Muskatnuss
Pfeffer
1 TL Schweineschmalz
(Reste vom Schweinsbraten, siehe S. 119)

Zubereitung

- Kartoffeln roh schälen und mit der Küchenraspel in große Stücke reißen. Die geraspelten Kartoffeln in einer Schale mit Wasser aufbewahren und 10 Minuten ziehen lassen.
- Nun die Kartoffeln aus dem Wasser nehmen, ausdrücken, in einer Schüssel mit den Eiern vermischen und mit Salz, Muskatnuss und Pfeffer würzen. Den Wasserrückstand absetzen lassen und ebenfalls zur Masse mischen.
- In einer Pfanne Schmalz erhitzen. Kleine Fladen formen und im heißen Schmalz goldbraun braten. Mit einem Schaumlöffel aus dem Fett heben und auf einer Küchenrolle abtropfen lassen.
- Vor dem Servieren noch einmal salzen.

TIPP: Dazu passt die Kräutersoße der Folienkartoffeln (siehe S. 82).

Rosmarinkartoffeln

Zutaten
Für 2 Portionen

5–6 Kartoffeln
1 TL Butter
1 Handvoll Rosmarin
1 Prise Salz

Zubereitung

- Kartoffeln kochen, schälen und halbieren (je nach Größe vierteln).
- Butter in einer Pfanne zerlassen, Kartoffeln mit frischem, grob gerissenem Rosmarin und Salz würzen und alles goldgelb anrösten.
- Mit frisch geerntetem Rosmarin garniert servieren.

Kartoffelsalat mit Mayonnaise

Zutaten
Für 2 Portionen

5 Kartoffeln, speckig
1 EL Essig
1 TL Senf (siehe S. 30)
1 TL brauner Zucker
1 kräftige Prise Salz
1 Prise Pfeffer
1 EL feines Öl
3 eingelegte Gurken
1 Prise brauner Zucker
Mayonnaise (siehe S. 31)

Zubereitung

- Kartoffeln in der Schale kochen, schälen und warm in Scheiben schneiden. Essig, Senf, Zucker, Salz und Pfeffer gut verrühren und über die warmen Kartoffeln gießen, mit Öl abschmecken und ca. 20 Minuten ziehen lassen.
- Gurken in kleine Würfel schneiden und dem ausgekühlten Kartoffelsalat beimengen. Zum Abschluss mit Mayonnaise vermengen und noch einmal mit Salz und Pfeffer abschmecken.

Maislaibchen

Zutaten

Für 2 Portionen

250 g Maismehl
4 Eier
1 Prise Salz
100 g Maiskörner
1 TL Butter
200 g Fetakäse
1 Bund Petersilie

Zubereitung

- Maismehl mit Eiern mischen, Petersilie fein hacken, ein schwaches Drittel beiseite legen für die Garnitur und den Rest zur Masse dazugeben. Salzen.
- Die frischen Maiskörner möglichst trocken zur Maismehlmasse mengen.
- Mit einem Esslöffel gleichmäßig große Laibchen formen. Butter in einer Pfanne zerlassen, die Laibchen auf einer Seite anbraten, umdrehen und nun mit Fetakäse bestreuen. Käse zergehen lassen.
- Sobald die Laibchen durchgebraten sind, sofort mit frisch gehackter Petersilie garniert servieren.

Spinat aus diversen Blättern

Lange Zeit hat mir der im Laden gekaufte Spinat nur sehr durchschnittlich geschmeckt. Da hat keine noch so bemühte Verfeinerung geholfen.
Erst als ich begonnen habe, mich mit altem Saatgut zu beschäftigen, wurde mir bewusst, wie gut Spinat schmecken kann. Meine allerliebste Sorte ist Malabarspinat, der ist meines Erachtens einfach traumhaft.
Und mit der Zeit wird man erfinderisch. Deshalb habe ich begonnen mit sämtlichen grünen Blättern zu kochen, auch wenn sie kein Spinat sind. Wieder ein voller Erfolg und sehr „gschmackig"!
Ich verwende Blätter vom Gelben Senf, Malvenblätter, Mangoldblätter, Kapuzinerkresseblätter und von den Wildpflanzen natürlich Brennnessel, Bärlauch und zum Beispiel Spitzwegerich.
Der Fantasie ist wie immer keine Grenze gesetzt.

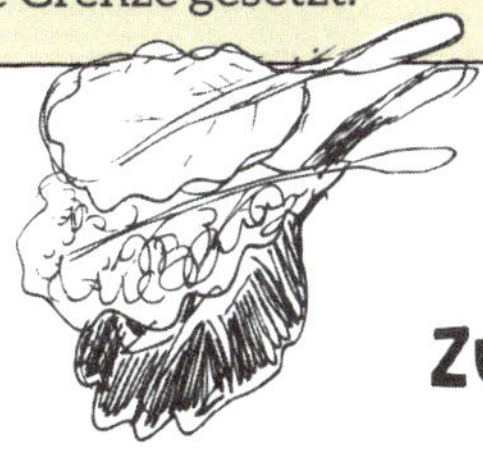

Zutaten

Für 2 Portionen

5 Handvoll Brennnessel-, Senf-, Malven- und Mangoldblätter
1 Handvoll Sauerampferblätter (wer gerne sauer isst)
1 Zwiebel
1 Zehe Knoblauch
1 TL Butter
1 EL Suppenwürze (siehe S. 23)

Zubereitung

- Alle Blätter in Streifen schneiden oder reißen.
- Zwiebel und Knoblauch schälen und fein hacken. Butter in einem Topf zerlassen, Zwiebel glasig anrösten, Knoblauch kurz mitrösten lassen. Nun die Blätter beimengen und zusammenfallen lassen. Mit Suppenwürze abschmecken, mit wenig Wasser aufgießen und kurz dünsten.
- Vor dem Servieren nochmals mit Suppenwürze abschmecken.

Hollerröster (Holunderkompott)

Hollerröster ist eine meiner Lieblingsspeisen. Ich kann ganze Schüsseln davon auslöffeln. Als ein Highlight der letzten Jahre hat sich herausgestellt, dass im Reitstall, wo ich seit einigen Jahren meine Pferde eingestellt habe, wirklich viele Holunderbüsche stehen. Doch fast niemand erntet die Blüten und die Beeren. Das habe ich jetzt übernommen und es gibt seither viel eingekochten Hollerröster!

Zutaten

Für 2 Portionen

5–7 Holunderbeerendolden
3 Zwetschken
Saft von 1 Zitrone
3 EL brauner Zucker
1 Packung Vanillepulver
1 Schuss Schnaps
2 Zimtstangen
1 TL Gewürznelken, ganz

Zubereitung

- Beeren entstielen, Zwetschken entkernen und vierteln. Die Früchte in einen Topf geben, mit Wasser bedecken, Zitronensaft, braunen Zucker, etwas Vanillepulver, sowie einen Schuss Schnaps zufügen und mit Zimtstangen sowie Gewürznelken zum Kochen bringen. Zirka 5 Minuten leicht köcheln lassen.
- Vor dem Servieren Zimtstangen und Gewürznelken entfernen.

Melanzani in Sirup

Zutaten

Für 2 Portionen

3 junge Melanzani
1 Prise Salz
1 Prise brauner Zucker
Saft und Schale von 1 Zitrone
1 Ingwerwurzel
2 Zimtstangen
2 TL Gewürznelken, gemahlen

Zubereitung

- Melanzani entstielen und mit einem Zahnstocher Löcher in die Haut stoßen. Vierteln, aber nur bis zum Ansatz. Mit Salz einreiben und über Nacht ziehen lassen.
- Am nächsten Tag die Melanzani waschen und in Wasser einmal kurz aufkochen lassen. Abtropfen und trocknen lassen.
- Inzwischen Zucker mit Zitronensaft aufkochen und so lange köcheln lassen, bis der Zucker aufgelöst ist. Ingwer reiben und die Gewürze mit diesem Sirup aufkochen lassen.
- Melanzani nun in den Sirup legen und 1–2 Stunden köcheln lassen. Immer wieder umrühren. Anschließend Melanzani herausnehmen und in Einmachgläser einlegen.
- Sirup nochmals aufkochen lassen, die Flüssigkeit übcr die Melanzani gießen und die Gläser damit füllen. Gläser verschließen und kühl lagern.
- Das Gemüse kann sofort gegessen werden, je länger es aber gelagert wird, desto besser ist der Geschmack.

TIPP: Servieren Sie die Melanzani mit Vanilleeis oder Sauerrahm.

WINTER

Alles selbst gemacht

Der Winter ist die Zeit der Ruhe und dafür, neue Pläne für das kommende Gartenjahr zu schmieden. Jedoch haben die letzten Jahre gezeigt, dass durch die Klimaerwärmung der Garten meist erst nach Weihnachten zur Ruhe kommt. So habe ich die letzten Jahre bis in den Januar hinein Rüben, sogar Tomaten, Kräuter, Malve, Senf, Mangold und einiges mehr geerntet.

Wenn man diese Situation noch unterstützen möchte, empfehle ich, schon im Herbst, wie bereits geschrieben, alle Beete gut zu mulchen. Dadurch kann Wärme gespeichert werden, und die Pflanzen können weiter gedeihen. Außerdem ist es nicht verkehrt, wieder neues Saatgut auszubringen. Das ist alles möglich, solange es in der Nacht nicht friert. Sobald der erste Frost kommt, sollte man alles ernten, was man noch verwerten möchte. Alles, was ausgerissen und nicht genutzt wird, einfach fallen lassen. Jede ausgerissene und liegengelassene Pflanze wird verrotten und den Humusaufbau fördern.

Sollte man keine geschlossene Schneedecke im Garten haben, einfach nochmals drübermulchen. Damit ist eine solide Schutzschicht für das offene Erdreich gewährleistet.

Im Winter sollte man beginnen Pflanzen vorzuziehen. Falls man noch wenig Erfahrung hat, empfehle ich mit Tomatenpflänzchen zu beginnen. Wichtig ist, die Pflänzchen immer feucht zu halten. Sobald die Zeit gekommen ist, werden Sie viel Freude mit Ihren selbst gezogenen Tomaten haben.

Der Winter ist auch die richtige Zeit, um sich mit neuen Themen des Gärtnerns und Verwertens zu beschäftigen. So habe ich mir das Schnapsbrennen vorgenommen. Ich habe mir eine kleine Anlage gekauft und einen entsprechenden Kurs besucht. Jetzt weiß ich, welche Köstlichkeiten man aus Früchten und Kräutern brennen kann. Wenn man das erste Mal einen selbst gebrannten Schnaps verkostet hat, weiß man, was man sonst so kredenzt bekommen hat. Ab jetzt werde ich auf jeden Fall die Wintermonate dazu nutzen, zahlreiche Varianten von Schnäpsen zu produzieren.

Nach dem Schnapsbrennkurs habe ich auch einen Kurs besucht, um Essenzen aus Kräutern und Blättern herzustellen. Wunderbar, wie intensiv diese Essenzen wirken! Auch hier gibt es unendliche Möglichkeiten, um kreativ zu werden. Ein gutes Beispiel ist der Lavendel, der in keinem Kräutergarten fehlt und eine umwerfende Basis für viele ausgefallene Speisenkreationen bietet.

Fazit: Es gibt nichts, was man nicht selbst machen und verwerten kann. Alles, was selbst gepflanzt, geerntet und hergestellt wird, ist unvergleichlich besser als die Fertigprodukte, die man normalerweise kaufen kann.

Ganslsuppe (Gänsecremesuppe)

Zutaten

Für 2 Portionen

Innereien von 1 Gans
Flügel und Hals von 1 Gans
1 Zwiebel
1 Karotte
1 Stange Lauch
½ Sellerieknolle
2 Kartoffeln
2 EL Suppenwürze (siehe S. 23)
1 TL Butter
1 Schuss Schlagobers (Schlagrahm)
1 Bund Petersilie
3 Walnüsse

Zubereitung

- Teile der Gans in einen Suppentopf geben. Gemüse putzen, grob schneiden und beigeben. Alles in Butter anrösten und mit Wasser aufkochen lassen.
- Kartoffeln klein würfeln und der Suppe beigeben. Mit Suppenwürze abschmecken. Mindestens 2 Stunden leicht wallend kochen lassen, dabei immer wieder Wasser nachgießen. Nach der Garzeit die Suppe durch ein Baumwolltuch klären.
- Die abgeseihten Zutaten von Haut und Knochen befreien, in kleine Stücke schneiden und der Suppe beifügen. Aufkochen lassen und nochmals abschmecken. Sobald der Geschmack zufriedenstellend ist, mit Schlagobers und gehackter Petersilie verfeinern.
- Walnüsse reiben und in einer heißen Pfanne ohne Fett anrösten.
- Etwas Schlagobers aufschlagen, die Suppe mit Sahnehäubchen garnieren und mit Walnüssen bestreut servieren.

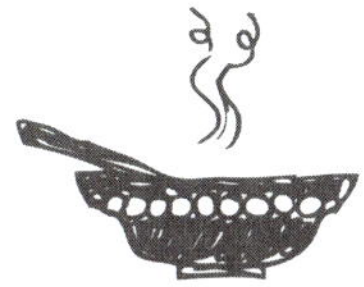

Mangoldcremesuppe

Mangoldcremesuppe ist ebenso ein Klassiker wie die Kürbiscremesuppe. Mangold ist einfach zu ziehen und kann bis tief in den Winter geerntet werden. Dabei ist er eine der ersten Grünpflanzen, die Anfang des Jahres zu sprießen beginnen. Bei dieser Cremesuppe ist es auch am besten, man nimmt Schlagobers, um sie zu verfeinern – es unterstreicht den Eigengeschmack von Mangold am besten.

Zutaten

Für 2 Portionen

10 Mangoldblätter
1 Zwiebel
3 Kartoffeln
1 EL Butter
2 Zehen Knoblauch
2 EL Suppenwürze (siehe S. 23)
1 Schuss Schlagobers (Schlagrahm)

Zubereitung

- Mangoldblätter in Streifen, Zwiebel und Kartoffeln in kleine Würfel schneiden.
- Butter in einem Suppentopf zerlassen und Gemüse darin anrösten. Mit Wasser aufgießen, Knoblauch pressen und in die Suppe geben. Mit Suppenwürze abschmecken, aufkochen und mindestens 15 Minuten köcheln lassen.
- Anschließend die Suppe mit dem Stabmixer pürieren. Nochmals aufkochen lassen, mit Suppenwürze abschmecken und bei kleiner Flamme mit Schlagobers strecken.

Gebeizte Forelle

Zutaten
Für 2 Portionen

1 frische Bachforelle
1 Zehe Knoblauch
1 EL Senfkörner
5 Gewürznelken
Olivenöl (nach Bedarf)
1 Prise Salz
1 Schuss Weinessig
10 Pfefferkörner
1 Handvoll verschiedene Kräuter
Saft von 1 Zitrone
2 Lorbeerblätter

Zubereitung

- Forelle filetieren:

- Fisch auf der Bauchseite aufschneiden und ausnehmen.
  - Brustflossen herausschneiden.
  - Schnitt bis zum Schwanz weiterführen.
  - Fisch auseinander klappen.
  - Skelett lösen (vorsichtig mit den Fingern oder mit dem Messer).
  - Fleisch auf beiden Seiten mit dem Messer vom Rückgrat lösen, aber nicht bis zur Haut durchschneiden.
  - Rückgrat mit Schere am Kopf durchschneiden, nach hinten herausziehen und abschneiden

- Forellenfilets mit allen Zutaten würzen, einen Schuss Essig beimengen und mit Olivenöl abdecken. 24 Stunden kühl stellen.

Fischsalat

Zutaten
Für 2 Portionen

2 eingelegte Heringe
4 eingelegte Gurken
Mayonnaise (siehe S. 31)
2 EL Sauerrahm

Zubereitung

- Heringe und Gurken in kleine Würfel schneiden und unter die Mayonnaise mischen. Mit Sauerrahm strecken.

TIPP: Dazu passen gekochte Kartoffeln mit Butter und etwas Salz.

Marinierter Avocado

Zutaten

Für 2 Portionen

1 Avocado
Saft von ½ Zitrone
1 Prise Salz
Pfeffer
1 Balsamessig
2 EL Olivenöl

Zubereitung

- Avocado in fächerartige Stücke schneiden und mit Zitronensaft beträufeln. Mit Salz und Pfeffer würzen. Aus Balsamessig und Olivenöl eine Marinade bereiten und über die Avocadostücke verteilen. Etwas ziehen lassen.

TIPP: Gemeinsam mit gebeizter Forelle (siehe S. 116) und Granatapfelkernen servieren.

Carpaccio von Roten Rüben (Rote Bete)

Zutaten

Für 2 Portionen

4 Rote Rüben (Rote Bete)
4 cm Krenwurzel (Meerrettich)
150 g Fetakäse
Rosinen (siehe S. 42)
1 Schuss Balsamessig
1 Schuss Ahornsirup

Zubereitung

- Frisch geerntete Rote Rüben waschen, von Wurzeln und Blättern befreien.
- In einen Topf mit kaltem Wasser legen und ca. 15 Minuten in Salzwasser kochen lassen.
- In dünne Scheiben schneiden und leicht überlappend auf Vorspeisentellern anrichten.
- Kren reißen und den zerkleinerten Fetakäse darüber streuen.
- Rosinen in Wasser mit einem Schuss Essig und einem Schuss Ahornsirup aufkochen lassen und über die Roten Rüben gießen.
- Durchziehen lassen und im Nachgang noch mit ein paar Rosinen bestreuen.

Weihnachtsgans

Eine Weihnachtsgans zu braten hat auf mich die Wirkung von Zen. Ein Glaserl Rotwein, Zeit und Muße, die Gans mindestens alle 15 Minuten zu übergießen, bedeutet für mich zur Ruhe kommen.

Zutaten

Für 4 Portionen

1 Gans (ca. 6 kg)
2 Äpfel
2 Orangen
1 EL Suppenwürze (siehe S. 23)
1 TL Senf (siehe S. 30)
2 TL Butter

Zubereitung

- Backofen auf 180 °C vorheizen.
- Gans ausnehmen (Innereien für die Suppe verwenden). Flügel um ein Gelenk kürzen. Mit soviel Äpfeln und geschälten Orangen wie möglich füllen. Mit einem Zahnstocher die Öffnung verschließen. Gans mit Senf und Suppenwürze einreiben.
- Backblech mit Butter einfetten und Gans in den Ofen schieben. Pro Kilo eine Stunde Bratzeit berechnen. Nach der halben Zeit wenden, 20 Minuten vor Fertigstellung nochmals zurückwenden und Temperatur auf 200 °C erhöhen.
- Zu Beginn die Gans alle 10–15 Minuten mit in Wasser aufgekochter Suppenwürze übergießen. Je länger die Gans gebraten wird, desto mehr Eigensaft entsteht, mit dem der Braten weiter übergossen wird. Je öfter übergossen wird, desto saftiger wird die Gans.
- Nach Ende der Garzeit den Braten tranchieren.

TIPP: Dazu servieren Sie ganz klassisch Sauerkraut (Sauerkohl, siehe S. 124), Rotkraut (Blaukraut, siehe S. 125) und Böhmischen Knödel (siehe S. 127).

Schweinsbraten

Zutaten

Für 6 Portionen

1,5 kg Karree (vom Schwein)
1 Prise Salz
1 TL Kümmel
1 EL Suppenwürze (siehe S. 23)
1 EL Senf (siehe S. 30)
1 Zwiebel
½ Sellerieknolle
1 Karotte
3 Zehen Knoblauch
1 Lorbeerblatt
250 ml Bier

Zubereitung

- Backofen auf 180 °C vorheizen.
- Schweinskarree mit Salz und Kümmel würzen mit Suppenwürze und Senf einreiben. Zwiebel, Sellerie, Karotte und Knoblauch grob würfeln, in eine ofenfeste Form geben, gewürzten Schweinsbraten darauf legen und im vorgeheiztem Backofen braten.
- Immer wieder mit in Wasser aufgekochter Suppenwürze übergießen.
- Nach ca. 45 Minuten den Braten wenden und weiter übergießen. Nach weiteren 45 Minuten wieder zurückwenden, Hitze auf 200 °C erhöhen, mit Bier übergießen und in ca. 10 Minuten fertig braten.
- In Scheiben geschnitten servieren.

TIPP: Reichen Sie dazu Sauerkraut (Sauerkohl, siehe S. 124) und Semmelknödel.

Gefüllte Lammroulade

Zutaten

Für 2 Portionen

500 g Lammschnitzel
1 Handvoll Cranberrys
1 Schuss Rotwein
1 Schuss Schlagobers (Schlagrahm)
2 TL Butter

Für die Füllung

1 Handvoll Brennnessel
1 Handvoll Löwenzahn
1 Zwiebel
1 Handvoll verschiedene Kräuter
2 Eidotter
1 EL Olivenöl
100 g Brotreste (siehe S. 48)
1 Prise Salz
1 EL Suppenwürze (siehe S. 23)
1 Prise Pfeffer
250 g Fetakäse

Zubereitung

- Für die Füllung Brennnessel, Löwenzahn, Zwiebel und Kräuter fein hacken.
- Eidotter und Olivenöl beimengen. Brotreste in kleine Würfel schneiden und unter die Masse mengen. Mit Salz, Suppenwürze und Pfeffer abschmecken.
- Lammstücke wie Schnitzel flachklopfen, salzen und pfeffern. Kräuterpaste und gewürfelten Fetakäse auf die Schnitzel auftragen und Lammstücke einrollen. Mit Zwirn binden.
- In einer Pfanne Butter zergehen lassen und Rouladen auf allen Seiten kurz anrösten. Alle Fleischstücke aus der Pfanne nehmen. Suppenwürze aufgelöst in Wasser in die Pfanne geben, Cranberrys ebenfalls beimengen. Soße aufkochen lassen, die Rouladen wieder in die Pfanne legen und ca. 1 Stunde dünsten.
- Vor dem Servieren Rouladen aus der Pfanne nehmen, Zwirn aufschneiden und in 1 cm dünne Scheiben schneiden.
- Inzwischen die Soße mit Obers aufrühren und mit dem Stabmixer pürieren. Fleischstücke nochmals in die Soße zurücklegen und aufwärmen, aber nicht aufkochen lassen.

Fondue
mit verschiedenen Soßen

Zutaten
Für 4 Portionen

1 Zwiebel
1 Karotte
1 Paar Frankfurter (Wiener) Würstel
3 EL Suppenwürze (siehe S. 23)
250 g Rindfleisch
250 g Hühnerfleisch
250 g Truthahnfleisch
250 g Lammfleisch
Mayonnaise (siehe S. 31)
Tomatenketchup (siehe S. 26)
Currypulver
4 cm Krenwurzel (Meerrettich)
Kräuter nach Belieben

Zubereitung

- Zwiebel, Karotte und Würstel in kleine Stücke schneiden. Mit Wasser aufkochen und mit Suppenwürze abschmecken.
- Fleischstücke in kleine Stücke schneiden und roh auf Tellern verteilen.
- Mayonnaise in 4 Portionen teilen. Eine Portion mit Ketchup, eine mit Curry abschmecken.
- Kren frisch reiben und in die 3. Portion der Mayonnaise mischen.
- Kräuter fein hacken und unter die 4. Portion der Mayonnaise mischen.
- Suppe aufkochen lassen und weiter warm halten. Gäste können nun Fleisch auf Spieße geben und in die Suppe tunken. So lange warten, bis das Fleisch durch gekocht ist. Fleisch kann nun in die verschiedenen Soßen getaucht und genossen werden.

TIPP: Als Beilage passt sehr gut selbst gebackenes Brot (siehe S. 48) und eingelegtes Gemüse (siehe S. 34ff).

Pasta mit Mangoldsoße

Hier ist er wieder, der Mangold. Ob als Spinat oder Sugo für eine Pasta – er ist immer passend. Gesagt habe ich schon einiges zu diesem vielseitigen „Grünzeug", und Rezepte könnte man noch viele nachreichen. Ob Mangoldstrudel, -nockerln, -smoothies – es macht große Freude, wenn man Pflanzen findet, die in allen Varianten geschmackvoll sind.
Machen Sie es wie ich und pflanzen Sie im kommenden Gartenjahr so viel wie möglich von diesem vielseitigen Gemüse an!

Zutaten

Für 2 Portionen

5 Mangoldblätter
1 rote Zwiebel
1 TL Butter
1 TL Suppenwürze (siehe S. 23)
200 g cremiger Ziegenkäse
200 g Spaghetti (siehe S. 50)
1 Schuss Olivenöl
1 Prise Salz
2 TL Kapuzinerkressepaste (siehe S. 29)

Zubereitung

- Mangold in Streifen und Zwiebel in kleine Würfel schneiden, in Butter anschwitzen, mit etwas Suppenwürze würzen, mit Wasser aufgießen.
- Ziegenkäse einrühren und so lange weiterköcheln lassen, bis eine cremige Soße entsteht.
- Spaghetti in Salzwasser mit ein paar Tropfen Olivenöl al dente kochen, abseihen, in Butter schwenken, etwas salzen.
- Kapuzinerkressepaste beigeben und gut durchmischen.
- In Suppentellern anrichten und mit der Mangoldsoße übergossen servieren.

Kartoffelgulasch

Zutaten

Für 2 Portionen

5 Kartoffeln
1 Zwiebel
1 TL Butter
1 TL Paprikapulver, selbst getrocknet
1 Paar Frankfurter (Wiener) Würstel
2 EL Suppenwürze (siehe S. 23)
3 EL Sauerrahm
1 Prise Chilipulver, selbst getrocknet, (wenn das Gulasch scharf sein soll)

Zubereitung

- 2 Drittel der Kartoffeln und 1 Drittel der Zwiebel schälen und in Würfel schneiden.
- Butter in einer Pfanne zerlassen, Zwiebel glasig anschwitzen, die Kartoffelwürfel miträsten. Mit Paprika würzen und mit Wasser aufgießen. Darauf achten, dass das Paprikapulver nicht zu stark geröstet wird, da das Gulasch sonst einen bitteren Beigeschmack bekommt.
- Würstel in Scheiben schneiden und dem Gulasch beifügen. Mit Suppenwürze abschmecken und mindestens 30 Minuten bei kleiner Flamme köcheln lassen.
- Nochmals mit der Suppenwürze abschmecken und Sauerrahm dem köchelnden Gulasch beigeben.
- Wenn das Gulasch scharf sein soll, mit Chili abschmecken.

Beim Kartoffelgulasch ist es mir sehr wichtig, die Speise mit viel Zwiebel und wirklich guten Kartoffeln zuzubereiten. Ich halte generell viel von der Zwiebel, weil sie sehr viel zum runden Geschmack beitragen kann. Und wenn man beim Kartoffelgulasch die Würstel weglässt, wird es zum gern gegessenen vegetarischen Gericht. Eine perfekte Speise für eine hungrige Mannschaft und sehr gut geeignet zum Vorkochen. Denn je öfter man diesen deftigen Eintopf aufwärmt, umso köstlicher schmeckt er!

Sauerkraut (Sauerkohl)

Sauerkraut koche ich leidenschaftlich gern. Es gewinnt (so wie das Kartoffelgulasch) vor allem durch mehrmaliges Aufwärmen an Geschmack und Intensität. Das ist der Grund, warum ich diese Beilage mindestens einen Tag, bevor ich sie serviere, herstelle. Damit kann ich für meine Gäste das Sauerkraut mindestens einmal aufwärmen, und meist gibt es höchstes Lob. Die Reste können auch sehr gut weiterverwertet werden, wie zum Beispiel für Krautnudeln.

Zutaten

Für 2 Portionen

250 g Sauerkraut
200 g Räucherspeck mit Schwarte
4 Wacholderbeeren
2 Lorbeerblätter
1 TL Suppenwürze (siehe S. 23)
1 EL brauner Zucker
1 Kartoffel

Zubereitung

- Sauerkraut solange mit Leitungswasser spülen, bis der säuerliche Geschmack verschwunden ist.
- Den Räucherspeck von der Schwarte trennen. Sauerkraut mit Wasser, Speckschwarte, Wacholderbeeren, Lorbeerblättern, Suppenwürze und braunem Zucker vermischen und mindestens 2 Stunden köcheln lassen. Immer wieder mit Wasser aufgießen.
- Die rohe Kartoffel grob reißen, zum Kraut dazugeben und mindestens eine weitere Stunde köcheln lassen.
- Den Räucherspeck in kleine Stücke schneiden, in einer Pfanne anrösten und mit dem ausgelassenen Fett dem Sauerkraut beimengen. Sauerkraut nochmals aufkochen lassen und über Nacht ruhen lassen.
- Vor dem Servieren nochmals aufkochen und mit Suppenwürze und etwas braunem Zucker abschmecken.

Rotkraut (Blaukraut)

Zutaten

Für 2 Portionen

½ Kopf Rotkraut (Blaukraut)
1 Zimtstange
1 Prise Piment, gemahlen
5 Gewürznelken
2 EL brauner Zucker
1 Schuss Weinessig
250 ml Rotwein
1 Zwiebel
1 Orange
Saft von 1 Orange

Zubereitung

- Kraut fein schneiden. Mit Zimtstange, Piment, Nelken, 1 EL Zucker, Weinessig und 125 ml Rotwein ansetzen. 24 Stunden ziehen lassen.
- Danach Zwiebel und Orange schälen, in kleine Würfel schneiden. 1 EL Zucker in einem Topf karamellisieren, Zwiebel und Rotkraut zugeben und mit Orangensaft sowie 125 ml Rotwein aufgießen. Unter ständigem Rühren mindestens 2 Stunden dünsten. Je länger die Masse köchelt, desto besser der Geschmack.
- Vor dem Servieren Zimtstangen und Gewürznelken entfernen.

Rote-Rüben-Salat (Rote Bete)

Zutaten

Für 2 Portionen

4 Rote Rüben (Rote Bete)
1 Prise Salz
4 cm Krenwurzel (Meerrettich)
1 TL Kümmel
1 EL Balsamessig
2 EL Öl

Zubereitung

- Rote Rüben waschen und putzen, in gesalzenem Wasser kochen lassen. Danach die überkühlten Rüben schälen, in Scheiben schneiden.
- Den Kren reißen und mit Kümmel, Essig und Öl eine Marinade bereiten. Über die Roten Rüben gießen und servieren.

Salbeipüree

Zutaten

Für 2 Portionen

4 Kartoffeln
3 Handvoll Salbeiblätter
1 Prise Salz
1 TL Butter
150 ml Schlagobers (Schlagrahm)

Zubereitung

- Kartoffeln schälen und mit den Salbeiblättern so lange in Salzwasser kochen, bis die Kartoffeln weich sind. Wasser abseihen. Kartoffeln mit dem Schlagobers und einigen Salbeiblättern pürieren und salzen.
- Die restlichen Salbeiblätter mit frischen Blättern mischen und in Butter knusprig rösten.
- Püree mit den gerösteten Salbeiblättern garniert servieren.

Böhmischer Knödel

Hier ein überliefertes Rezept meiner sudentendeutschen Familie. Speziell hier war es sehr schwer, genaue Maßangaben zu machen. Bisher habe ich nur nach Gefühl die Zutaten gemischt. Der Knödel ist ein sehr leichter im Geschmack neutraler Knödel und passt ausgezeichnet zu Gans und Wild.

Zutaten

Für 2 Portionen

300 g Mehl
1 Packung Backpulver
2 Eigelb
1 Prise Salz
50 g Semmelwürfel
Mineralwasser

Zubereitung

- 250 g Mehl und Backpulver in eine Rührschüssel geben. Eigelb dazu mengen und salzen. So lange Mineralwasser dazu leeren, bis ein zäher Teig entsteht. Semmelwürfel unterheben.
- Mehl auf ein großes Holzbrett schütten, flächendeckend verteilen. Teig auf das Brett kippen und so lange mit Mehl verkneten, bis ein kompakter Laib entsteht. In zwei Teile teilen und zu 2 Laiben formen. Mit Mehl bestreuen und mit einem Geschirrtuch abdecken. An einem warmen Ort ohne Zugluft mindestens 1 Stunde ruhen lassen.
- Danach einen großen Topf mit Wasser füllen, salzen und aufkochen lassen. Beide Laibe in den Topf geben und 20 Minuten bei leicht wallendem Wasser köcheln lassen. Danach wenden und nochmals 20 Minuten wallend kochen lassen.
- Danach die Knödel aus dem Wasser heben, auf ein eingestaubtes Brett legen und mit einem großen Messer in ca. 1 cm dicke Scheiben schneiden. Sofort servieren.

Palatschinken mit grüner Tomatenmarmelade (Pfannkuchen)

Zutaten

Für 2 Portionen

1 EL Butter
150 g Mehl (glatt)
2 Eier
250 ml Milch
1 Prise Salz
4 EL Fett
Staubzucker (Puderzucker) zum Bestreuen

Für die Füllung

Marmelade aus grünen Tomaten
(nach Bedarf, siehe S. 43)

Zubereitung

- Butter im Wasserbad schmelzen lassen.
- Mehl, Eier, Milch und geschmolzene Butter verrühren. Mit einer Prise Salz abschmecken. Teig sollte dickflüssig sein. Wenn der Teig zu fest geworden ist, mit prickelndem Mineralwasser nachbessern.
- Fett in einer Pfanne zergehen lassen. Wenn genügend Hitze entwickelt ist, dann einen Tropfen Teig in die Pfanne geben. Wenn der Teig sofort stockt, dann ist die richtige Hitze erreicht.
- Mit einem Schöpflöffel Teig in die Pfanne leeren und durch eine runde Bewegung gleichmäßig in der Pfanne verteilen. Sobald der Teig stockt, mit einem Pfannenwender wenden.
- Vorgang so lange wiederholen, bis der Teig aufgebraucht ist. Warm halten.
- Nun jeweils eine Palatschinke auf einen Teller legen, Marmelade dünn aufstreichen und zu einer Rolle einrollen. Mit Staubzucker bestreut servieren.

Schokoladekuchen

Mit diesem Kuchen kann man punkten! Bei der Zubereitung ist es sehr wichtig, nicht an Zutaten zu sparen, und man muss darauf achten, die Backzeit auf keinen Fall zu überschreiten. Wenn der Kuchen rechtzeitig aus dem Ofen kommt, ist nämlich der Kern noch flüssig. Das ist vollkommen korrekt und schmeckt herrlich, vergleichbar einem Schokoladekuchen im Schlafrock. Also nicht zu lange backen und rechtzeitig aus dem Ofen nehmen, und Ihre Gäste werden den Kuchen lieben! Als Kombination zu diesem Kuchen empfehle ich Beerenmus. Der leicht säuerliche Geschmack von Beeren ist ein guter Ausgleich zur Süße des Schokoteiges.

Zutaten

Für 1 Tortenform (26 cm Durchmesser)

250 g Kochschokolade (siehe S. 44)
250 g Butter
6 Eier
250 g brauner Zucker
5 EL Mehl
1 Prise Salz

Zubereitung

- Schokolade und Butter über einem Dampfbad schmelzen lassen.
- Eier trennen. Zucker in die Schokomasse einrühren und Eigelb dazu mengen. Nun Löffel für Löffel Mehl einrühren.
- Backofen auf 170 °C vorheizen.
- Aus dem Eiweiß mit einer Prise Salz einen steifen Schnee schlagen. Den Schnee in die fertige Teigmenge unterheben.
- Den Kuchen ca. 25 Minuten im vorgeheizten Backofen backen.
- Kurz überkühlen lassen, in Stücke schneiden und portionsweise anrichten.

Gebratene Apfelscheiben
mit Vanilletopfen (Frischkäse)

„An apple a day keeps the doctor away“ – das englische Sprichwort hat in früheren Zeiten genau den Punkt getroffen. Doch ein Apfel pro Tag hält nur dann gesund, wenn die Qualität stimmt. Die derzeit angebotenen Äpfel lassen aber oft sehr zu wünschen übrig, denn wässrig und geschmacklos ist keine Seltenheit. Um hier gegenzusteuern, ist es ganz wichtig, die Vielfalt besonders der alten Sorten zu pflegen. Sie dienen nicht nur der Diversität der Arten, sondern sie sind auch unverfälscht und geschmacksintensiv. Für die gebratenen Apfelscheiben eignet sich eine leicht säuerliche Sorte am besten. In meiner Kindheit hatten wir in unserem Garten einen alten Apfelbaum, dessen Früchte für den Rohgenuss ungeeignet, verarbeitet aber eine Köstlichkeit waren.

Zutaten
Für 2 Portionen

250 g Topfen (Frischkäse)
40 g Rosinen (siehe S. 42)
Saft und Schale von 1 Zitrone
1 Packung Vanillepulver
1 Apfel
1 TL Zimtpulver
1 TL brauner Zucker
1 TL Butter

Zubereitung

- Topfen mit Rosinen, geriebener Zitronenschale und Vanillepulver vermischen.
- Apfel schälen, Kerngehäuse herausschneiden und die Frucht in Scheiben schneiden. Zimtpulver, brauner Zucker und Zitronensaft vermengen. Apfelscheiben mit der Marinade marinieren und in Butter braten.
- Die gebratenen Apfelscheiben auf Tellern anrichten und mit Vanilletopfen umgeben servieren.

Kastanienreis mit Cranberrykompott

Zutaten

Für 2 Portionen

20 Kastanien
250 ml Schlagobers (Schlagrahm)
1 Schuss Rum
1 Schüssel Cranberrys
Saft von 1 Zitrone
1 Schuss Ahornsirup

Zubereitung

- Kastanienschalen einschneiden und die Früchte in Wasser ca. 20 Minuten kochen lassen. Auskühlen lassen, schälen und Kastanien pürieren. Schlagobers schlagen und Kastanienpüree einrühren. Mit einem Schuss Rum abschmecken.
- Cranberrys mit einem Schuss Zitronensaft und etwas Wasser weichdünsten. Mit Ahornsirup so lange abschmecken, bis der Geschmack passt.
- Kastanienpüree mit dem Cranberrykompott servieren.

REGISTER

Grundrezepte

Vorspeisen

Hauptspeisen

Beilagen

Desserts

Eingelegtes

Sirupe

Geistreiches